HISTOIRE

DES

PEUPLES

ET

DES RÉVOLUTIONS

DE L'EUROPE

DEPUIS 1789 JUSQU'A NOS JOURS

PAR

M. CAMILLE LEYNADIER

Membre de l'Institut historique de France

Ouvrage illustré de quarante gravures sur acier

Par Th. Guérin, Eugène Leguay et L. Marvy

PARIS

ADMINISTRATION DES PUBLICATIONS ILLUSTRÉES

6, RUE SAINT-MARC-FEYDEAU

—

1851

HISTOIRE

DES

PEUPLES ET RÉVOLUTIONS

DE L'EUROPE.

———o———

INTRODUCTION.

Grandeur du sujet. — De la Révolution française dans ses rapports avec le progrès. — Causes de son influence sur le monde. — Caractère particulier de la période révolutionnaire. — Situation morale des peuples de l'Europe au moment de la Révolution française. — Deux causes générales de cette situation : l'une d'ordre physique, l'autre d'ordre moral. — Causes accidentelles. — Unité d'esprit des peuples de l'Europe. — Différence dans les moyens d'application des principes nouveaux. — Corruption de la cour de France sous les derniers règnes. — Causes immédiates de la Révolution. — État des puissances de l'Europe au moment de la Révolution française. — L'Autriche : Joseph II. — La Prusse : Frédéric-Guillaume II; Frédéric-Guillaume III; la reine Louise. — La Russie : Catherine II. — La Pologne; la Turquie; l'Italie; le Piémont; Naples : Ferdinand IV; la reine Caroline; le chevalier Acton. — Espagne : Charles IV; la reine Marie-Louise; le prince de la Paix. — La Hollande. — La Suisse. — Révolution d'Amérique : Washington. — Effet de cette révolution en France et en Europe. — Situation matérielle et morale de l'Angleterre au moment de la Révolution française; Causes de sa neutralité; Fox; Pitt; Burke. — Situation matérielle de la France au moment de la Révolution. — Résultat imprévu dérivant de la situation morale de la France et de l'Europe. — Les violences révolutionnaires ne sont jamais des causes fortuites : leur véritable origine. — Parallèle à ce sujet entre la Révolution de France et celle d'Angleterre. — Effet de la Révolution française sur les peuples de l'Europe. — Propagande naturellement universalisée par les sentiments et les opinions. — Attitude des cabinets de l'Europe devant cette manifestation. — Puissance des idées d'agitation : elles grandissent par la terreur qu'elles inspirent; deux évènements fortuits, la mort de Léopold et de Gustave-Adolphe, leur donnent un caractère mystérieux. — La fermentation des peuples devient plus générale, l'attitude des cabinets plus hostile. — Dimensions gigantesques dans lesquelles la lutte s'engage. — Les victoires de la République et de l'Empire favorisent la propagande révolutionnaire. — Imminence des révolutions partielles. — Puissance morale de la France.

Il est, dans l'histoire du monde, des époques qui attirent l'attention des hommes, la captivent, l'enchaînent. L'intérêt des évènements qu'elles présentent, l'importance des effets qu'elles produisent n'ont rien de partiel, rien de local. Ce n'est pas alors un peuple qui agit, c'est l'humanité qui marche. Expression de la pensée des siècles qui se traduit en elles et par elles, ces époques sont toujours des temps de luttes violentes pendant lesquelles s'allume le feu qui contribue le plus à l'amélioration du genre humain.

L'histoire du monde antique et du monde moderne n'offre pas d'exception à cette loi générale. Au milieu du fracas des guerres entre la liberté grecque et le despotisme persan, surgit le génie qui développe ce fécond amour de la philosophie et des beaux-arts où devait se retremper le monde. Aux violentes luttes entre Rome et Carthage, l'humanité doit cette invincible persévérance du génie romain, qui, en moins d'un siècle, porta la civilisation aux extrémités du globe. Les géants septentrionaux qui, dans les premiers siècles de notre ère, se ruèrent, du fond de leurs forêts sauvages, sur l'empire romain, furent les bras qui assurèrent le triomphe de cette loi chrétienne qui devait régénérer l'univers. Ce fut pendant les croisades que s'épura, au contact de la civilisation antique, la barbarie du moyen âge : l'énergie brutale de l'Occident s'éclaira au feu sacré des sciences et des arts conservé en Orient. La bravoure barbare s'y greffa sur le goût ancien, et le génie de l'Europe moderne put prendre son essor. Aux longues et terribles guerres entre les Maures et les Espagnols, fut due l'idée de l'entreprise qui, par la découverte d'un nouveau monde, brisa les bornes des anciennes connaissances, et, augmentant la création, augmenta l'idée de la grandeur divine. Ce fut enfin aux guerres de la République et de l'Empire que l'Europe a dû la diffusion des lumières et la propagation de ces impérissables principes de dignité et de droits humains, qui assurent la régénération complète des races futures.

Mais aucune des époques antérieures à la Révolution française n'a eu un caractère de progrès si prononcé, si clairement défini qu'elle. Dans ce fait immense, sous le triple point de vue moral, social et politique, tous les intérêts humanitaires se sont trouvés à la fois engagés : la dignité de l'homme, sa liberté, son égalité relative, sa solidarité, sa réhabilitation; en un mot, tout ce qui constitue le progrès social et moral.

Jamais, dans un aussi court espace de temps, n'ont été accumulés des évènements dont la grandeur et l'éclat fussent si saisissants; jamais l'activité humaine ne s'est proposé un but plus noble et plus légitime; jamais résultat plus immense ne s'était révélé aux esprits et aux intelligences; jamais, enfin, sujet si magnifique en lui-même, si plein d'enseignements politiques ou moraux, si riche d'actions grandes et héroïques, n'échut au burin de l'histoire. Autour de cette courte période de cinquante années se réunissent tous les genres d'intérêt, faits inouïs, travaux gigantesques dans le domaine de l'intelligence, instructifs exemples de vertus, hideuses images de crimes, riants tableaux des espérances, curieux contrastes d'idées, de dévouements et de mœurs.

Lorsque éclata la Révolution française, lorsque, sous l'influence de l'intronisation absolue du droit naturel, le peuple français pesant dans la balance de sa raison son culte, ses institutions, ses mœurs, ses lois, le pouvoir et les prérogatives de ses chefs, brisa les liens qui l'attachaient au passé, et, se fiant aux lumières de sa raison, s'aventura à la recherche d'un nouvel ordre politique et social, tout fut mis en question.

Dans l'enthousiasme du premier élan, l'antiquité tout entière semble renaître pour venir apposer le sceau à sa fin. Alors on put recueillir tous les débris épars du passé, les trier, séparer le bon du mauvais, déblayer largement le terrain, amonceler des matériaux, et poser la première pierre du nouvel ordre social.

Mais, pendant que s'élevait l'édifice, une effroyable secousse, dont la commotion subite imprima une oscillation au monde, faillit tout engloutir, la religion, les lois, les mœurs, la société elle-même. Heureusement, sous l'irrésistible influence de l'esprit chrétien qui dominait ce mouvement sous une forme rude et neuve, les grands principes de la tradition évangélique étant encore ardents et vivaces au fond des cœurs, tout reprit peu à peu son niveau. Cette révolution n'étant que l'introduction violente du principe chrétien, liberté, égalité dans l'ordre civil et politique, le christianisme eût commencé une autre ère de ses conséquences et de son application. Alors, avec le développement nouveau que prit le génie humain, il lui resta définitivement acquis le droit sacré de l'homme, la liberté de l'esprit, la chute du principe de l'esclavage, et l'introduction définitive dans l'ordre social, du principe d'égalité relative et de fraternité.

L'incendie d'où étaient sortis, comme par enchantement, tous ces titres perdus du genre humain, mit l'univers en combustion. Par le seul effet de l'expansion de sa lueur, une ère nouvelle brilla sur les deux hémisphères. L'esprit de liberté s'agita partout, et s'il n'effectua pas son triomphe dans le présent, il l'assura dans l'avenir.

En effet, les vicissitudes de l'histoire des révolutions ne naissent pas d'un vain caprice des peuples. Elles ont leur fondement dans les entrailles mêmes de l'univers; elles en sont le résultat le plus élevé; elles sont une condition du monde de faire connaître, à telle époque, telle forme de civilisation. Ce germe, produit naturel de la pensée des siècles, fermente, éclot, mûrit sur un point, et porte ses fruits au jour marqué par la Providence des nations.

Par un privilège dont la France a lieu de s'enorgueillir, l'esprit progressif humain s'est résumé en elle. C'est elle qui représente le moins imparfaitement l'unité sociale du monde; c'est elle qui a toujours pris l'initiative des grands principes de dignité humaine; c'est elle enfin qui paraît avoir été chargée de mûrir le germe précieux de la régénération des peuples.

Aussi reconnaît-on sans peine l'influence et la tendance des idées françaises dans ce qui se passe en Europe depuis un demi-siècle. Cette lutte entre deux principes inconciliables, qui s'engage sur tant de points et sous tant de formes, n'est que la protestation du droit contre la force, le spectacle de la liberté se débattant sous les fers qui l'enchaînent, de la dignité humaine se levant en face de l'oppression; c'est, en un mot, l'esprit de propagande révolutionnaire révélant aux intelligences le besoin de rendre la société à elle-même, de briser la pierre du sépulcre où les iniquités des siècles avaient enfoui les droits du genre humain.

En 1789, la France a semblé dire à l'Europe : Lève-toi et marche! Et l'Europe a marché. Elle s'est levée, non comme la vague passagère qui frappe le rivage, mais comme le soulèvement de l'Océan remué dans ses abymes.

A cette mémorable époque on vit successivement, en France, la lutte impuissante d'une vieille monarchie, sa courte mais terrible agonie ; l'énergie précoce d'une jeune démocratie, son prompt mais sanglant triomphe ; la décadence des sentiments monarchiques, et le développement des principes républicains ; l'aveugle fureur des aristocraties continentales, et la calme bravoure des valeureuses phalanges républicaines et impériales ; l'orgueil éphémère de la conquête barbare, et les gloires impérissables de la résistance patriotique ; on vit, en un mot, réuni tout ce qui jette un si brillant éclat sur les annales de la grandeur antique.

Ce qui se passait en France fut comme un miroir magique où les peuples purent, à la fois, lire la formule de leurs droits et le présage de leur avenir. Dès ce moment, ils furent moralement en insurrection contre leur passé.

Et cela devait être. Les peuples ont un lendemain, et ils le savent. L'appel de la France à la régénération humaine avait tellement retenti dans le monde, qu'il réveilla des nations endormies, galvanisa des peuples morts. Les deux Amériques conquirent leur liberté ; l'Espagne et le Portugal sortirent de leur sommeil; la Grèce surgit de son tombeau ; l'Italie tenta de briser le sien. La Pologne, martyre héroïque, rêva la liberté au milieu des plus horribles souffrances; toujours frémissante dans sa longue et douloureuse agonie, plusieurs fois depuis elle a jeté ce mot au monde comme le *qui-vive* d'une sentinelle avancée, et chaque fois prête, au besoin, à mourir pour léguer à un temps prochain le soin de faire triompher ce généreux cri des morts. Quelques unes des péripéties sanglantes de ces réveils, de ces résurrections, de ces dévouements héroïques, devaient être les pages les plus lugubres du martyrologe des peuples.

Vainement, pour arrêter la contagion des idées régénératrices, le despotisme continental voulut s'unir dans une ligue impie. Quand les iniquités de la force ont fait leur temps, il n'est plus au pouvoir des hommes de leur redonner la vie qu'elles ont perdue. Issues d'âges de barbarie, l'éclat de la civilisation est mortel pour elles : elles meurent avec les siècles qui les ont produites.

La révolution française ne fut pas un simple accident né de causes accidentelles que d'autres causes pouvaient , amoindrir ou annuler ; elle ne fut pas non plus le produit d'un siècle ou de la France : elle fut l'œuvre des peuples et des siècles, œuvre collective, qui, préparant l'avenir, doit un jour fermer le passé ; féconde et nouvelle introduction, dans l'ordre civil et politique, des grands principes évangéliques : unité, solidarité, égalité, fraternité. Cela seul explique pourquoi le temps moderne apparaît comme la cuve où fermente et bouillonne le résidu des éléments intellectuels, sociaux et moraux du temps passé. Cela seul explique aussi l'accroissement successif de la puissance morale de la France en Europe, et la diminution graduelle de celle des gouvernements qui sont entrés en lutte contre les principes généreux qu'elle a proclamés. Il y a là deux faits graves, incontestables, et qui sont, à eux seuls, tout le résumé de l'époque dont nous avons à retracer les péripéties et les vicissitudes.

En effet, quels que soient l'éclat et la grandeur des évènements de la révolution française et de ses conséquences, ils puisent leur plus grand intérêt dans l'intensité des sentiments qui animaient et qui ont, depuis lors, animé les masses ; dans ce désespoir frénétique qui avait mis et

qui depuis lors a remis ailleurs en jeu les classes entières
de la société, depuis le trône jusqu'à la chaumière. Il se
produisit alors, et il s'est produit depuis, une situation unique dans l'histoire. D'une part, la force des motifs qui poussaient ou poussent les masses à l'exaltation des vertus et
des droits, poussaient ou poussent les trônes en sens contraire. Les passions, une fois mises en mouvement, n'eurent plus et n'ont plus rien de personnel. Elles ne furent
et ne sont plus l'excitation momentanée d'une rivalité de
circonstance, la manifestation accidentelle d'un sentiment
hostile contre telle ou telle mesure, telle ou telle exi-
gence. Ce fut et c'est l'explosion d'une défiance mutuelle
et profonde, qui, depuis qu'il y a des classes privilégiées
et des classes opprimées, c'est-à-dire depuis le commencement du monde, grandissait et a depuis encore grandi
souvent inaperçue. Quand elle éclata pour la première
fois, le germe s'en était transmis de génération en génération, et, au jour marqué par la Providence des peuples,
il n'eut qu'à éclore et à murir.

Lorsque s'engagea la lutte, les seuls mobiles d'agression
ou de résistance des esprits des deux partis pouvaient en
faire pressentir l'issue. Les uns, amis de la liberté, puisant
avec avidité aux sources ouvertes par les écrivains de la
Grèce et de Rome, nourrissaient leur enthousiasme des
exemples de l'antiquité, s'enflammaient à la ferveur de
l'antique éloquence, au souvenir des grandes actions du
monde qui n'était plus. Les autres, soutiens du trône,
appelaient à leur aide les sentiments de la religion et de la
royauté, les idées de dévouement héréditaire, les gloires
d'une naissance chevaleresque. Mais cette religion, cette
royauté, cette hérédité, cette naissance, étaient précisé-
ment les abus contre lesquels on réclamait. Rien alors ne

pouvait ni prévenir ni arrêter le conflit. On en connaît le résultat.

Comme nous l'avons fait observer, la France, dont la nationalité est un fait corrélatif de l'œuvre même du christianisme, chez qui le but d'activité nationale a été et est encore le plus rapproché de l'œuvre d'ensemble de l'humanité; la France, disons-nous, n'avait été que le mandataire tacite du monde, une sorte de sentinelle avancée qui avait engagé l'action la première, par cette position naturelle qu'elle devait aux progrès de ses lumières ou aux impérieuses exigences du destin. Les évènements qui succédèrent portent ce double caractère, tant leurs effets variés sortent du cours ordinaire des évènements humains.

En effet, les principes de la nature humaine ne peuvent expliquer ni les prodiges intellectuels de la période révolutionnaire, ni ses exploits militaires, moins encore les vertus et les crimes qui se révélèrent, des deux parts, dans une proportion effrayante. On eût dit des puissances supérieures, bons ou mauvais génies, engagées dans un conflit où l'homme n'était que l'instrument visible. Le génie antique aurait expliqué ces luttes opiniâtres par l'intervention de divinités ennemies, soutenant les principes du droit contre la force ou de la force contre le droit. Le génie plus sévère et plus rationnel du christianisme n'y reconnaît que l'intervention visible de la Providence pour rendre l'homme à sa dignité, la société à elle-même, et punir les méfaits d'un monde dégénéré et corrompu.

L'action des mêmes causes occultes ou patentes qui avaient soulevé les classes populaires en France, avait agi, dans un degré proportionnel, sur les autres peuples

de l'Europe. La seule différence, c'est que le germe régé-
nérateur était mûr sur un point et en cours de maturité
sur les autres.

« Le peuple, a dit Sully, ne se révolte jamais par caprice ou par le simple désir du changement; quand il se
soulève, c'est par impatience de souffrir. » —« Le peuple,
a dit, trois siècles après, Robespierre, ne peut pas plus se
révolter sans avoir été opprimé, que l'Océan se soulever
sans être battu par les vents. »

Cette maxime identique de deux hommes placés sous
des points de vue si divers et dans des conditions sociales
si diamétralement opposées, explique une des causes patentes de la révolution française et des révolutions partielles de l'Europe. Mais, pour que des peuples entiers,
après avoir passé d'un état de tranquillité à un état de
trouble, se lancent avec tenacité dans l'arène inconnue
des innovations, s'excitent les uns les autres par ce besoin général de mouvement qui suit toutes les fortes ex-
citations, il faut plus que des causes momentanées et tem-
poraires; il faut des causes profondes, éloignées, persis-
tantes, qui aient tenu la grande majorité des citoyens dans
un état d'ilotisme ou de souffrance continue.

Lorsque éclata la révolution française, l'Europe entière
en était à ce point. Des causes cachées opéraient depuis
longtemps, puissamment, sur les classes inférieures. Ce
n'était pas de ces malheurs passagers qui amènent des
séditions passagères comme eux, de ces griefs partiels
qui n'excitent que des mécontentements partiels ; mais
c'était une de ces souffrances invétérées qui, dans leur
longue et douloureuse continuité, nourrissent le germe
de ces élans spontanés qui poussent un peuple à la recherche de l'inconnu, aux résistances vastes et durables

qui les suivent ; c'était une de ces affections morales qu'a
si énergiquement résumées Alfieri dans ce vers :

Servi siam si ; ma servi ognor frementi [1].

Bien des siècles de patience et de résignation s'étaient
écoulés ; bien des vagues tumultueuses, grosses de sédition et de révolte, s'étaient brisées impuissantes, avant que
la pensée des peuples et le mal qui les rongeait eussent
pu se révéler d'une manière aussi lucide et aussi énergi-
que ; mais, semblables à ces terribles convulsions terres-
tres qui se préparent silencieuses dans les replis les plus
cachés des entrailles de l'univers, cette pensée, ce mal
éclatèrent au temps marqué par le génie protecteur des
peuples.

Deux causes générales, l'une d'ordre physique, l'autre
d'ordre moral, avaient amené dans l'Europe occidentale
cette situation anormale qui, dans sa laborieuse gesta-
tion, donnait aux sociétés un calme apparent de sérénité
qui n'était, en définitive, que le terrible calme précur-
seur de l'orage.

La première remontait au-delà de la formation même
de ces sociétés, au monde romain. Un mot sur ce monde.

Les sanglantes guerres civiles de Marius et de Sylla
avaient doublé dans le monde romain le nombre des
vices. Les conquêtes et les turpitudes de Rome impériale
en avaient encore favorisé le développement. Alors s'était
produit cet étrange spectacle social d'un peuple oisif, fai-
néant et fortuné, ne possédant pas un sesterce, ayant
pour bien l'air et le soleil de Rome, l'eau de ses bains et
de ses aqueducs, les statues de marbre de ses portiques,

---

[1] Nous sommes esclaves, c'est vrai : mais des esclaves toujours frémissants

les magnificences des basiliques où hurlaient ses orateurs,
l'ombre de ses jardins splendides, les sportules des riches
patriciens, les largesses corruptrices du Champ-de-Mars,
les distributions des empereurs, et le sang du monde versé
à grands flots dans les cirques.

Au milieu de tout cela, un monde d'esclaves, de philosophes, d'histrions, d'affranchis, de clients, de patriciens,
de plébéiens, de courtisanes, de vierges, de matrones,
traînaient leur importance, leur nullité, leurs vices, leur
misère et leurs débauches.

Les esclaves, au sein des joies des *popinæ* [1], tâchaient
d'imiter les turpitudes de leurs maîtres, et prolongeaient
tant qu'ils pouvaient ce rêve d'illusion passagère, en attendant d'être réveillés dans de sombres cellules par le
bruit des fers de l'ergastule, ou, dans les cirques, par les
rugissements des lions.

Les philosophes étaient partout, se mêlaient à tout.
Étaient-ils stoïciens, ils étaient aisés à reconnaître à leur
tête rase, à leur figure pâlie par les veilles, à leur teint
blême que ne pouvait guère colorer leur nourriture habi-
tuelle, les fèves et la bouillie. Les lits leur inspiraient une
sainte horreur, les produits du luxe un souverain mépris.
Seuls au milieu de cette Rome, ils croyaient à la Providence,
aux vertus : les antiques croyances semblaient être sous
leur patronage, les dieux leurs clients. Étaient-ils cyniques, on les voyait demi-nus, avec une besace et un pain
noir, n'argumentant pas, mais raillant avec brutalité,
faisant fi de tous les biens de la vie humaine, ne prisant
que les seuls appétits du corps. Sceptiques et cyniques
avaient quitté l'atelier d'un forgeron ou la boutique d'un
marchand de parfums pour le métier plus lucratif de

____

[1] Tavernes affectées aux esclaves

philosophe. Ils s'accostaient sous les portiques, disputaient au milieu des clameurs, des rires de la foule ; puis faisaient le tour du cercle, et ramassaient les oboles qui devaient subvenir à leur maigre pitance. Tout auprès d'eux, des histrions, bouffonnant dans tous les idiômes, hurlaient à leur mode.

Les affranchis, les clients, les patrons, les plébéiens, les patriciens, les parasites, tout cela ne différait que dans quelques détails accessoires. Au fond, c'était la même chose, c'était l'élément constitutif qu'on appelait citoyen romain ; même servilité fainéante et affamée, mêmes vicieuses inclinations, mêmes débauches, mêmes turpitudes relatives. Les affranchis, les clients peu fortunés mendiaient pour les patrons ; les plébéiens, les patriciens [1], pour leur propre compte. L'or du monde et les largesses des empereurs ne leur faisaient pas faute. Dans les parasites seulement se résumait toute la bassesse de ce peuple infatigable et perpétuel mendiant ; ils se prêtaient à tout, à condition de ne pas travailler.

Chez les courtisanes était transporté ce que, dans les sociétés modernes, on appelle le monde. Là étaient l'éclat et le tourbillon des plaisirs ; aucune honte ne présidait aux liaisons d'amour avec ces maîtresses mercenaires. Ces liaisons étaient non-seulement tolérées, mais encore publiquement avouées avec ostentation. Dans ces lieux de prostitution, parmi les plus honnêtes gens, la débauche et l'ivrognerie crapuleuses étaient converties en habitudes de bonne compagnie ; bien plus, des mères indulgentes les favorisaient pour leurs fils ; bien plus en-

[1] Tacite rapporte qu'on voyait des sénateurs aller en litière mendier la *sportule*, qui, après avoir été primitivement composée d'une petite corbeille de provisions, fut ensuite convertie en argent monnayé. La *sportule* ordinaire était de 2 oboles (6 sous 8 deniers), la *sportule* extraordinaire de 5 (16 sous 8 deniers).

core, la sollicitude de la loi avait pourvu à ce besoin de débauche. Sous Alexandre-Sévère, d'après un passage de son biographe Lampride, entre autres émoluments, les gouverneurs des provinces qui n'étaient pas mariés recevaient, en entrant en charge, une concubine : *Quod sine is esse non possent*, dit effrontément le texte.

Quant aux femmes et aux filles de citoyens, vierges ou matrones, loin de faire partie de ces réunions décentes où, comme dans la vie sociale moderne, la présence d'un sexe à qui on veut plaire peut contribuer à polir les manières, elles étaient reléguées dans l'ombre du gynécée, où la grave et froide monotonie des foyers domestiques n'était interrompue que par des querelles de ménage ou de famille, et les incidents journaliers, tels que les avortements, les expositions d'enfants, les empoisonnements, et toutes ces diverses sortes de crimes qui constituaient l'état normal de la sociabilité romaine.

Telle avait été, en résumé, dans les derniers temps, la forme de la vie sociale romaine. Telle avait été Rome, cette grande mais hideuse idole, devant laquelle avait tremblé le monde vaincu et soumis. Tout cela, peuple d'esclaves, d'affranchis, d'histrions, de courtisanes, de philosophes et de citoyens, avait formé un tout monstrueux, un amalgame d'éléments hétérogènes qui s'étaient assimilés on ne sait comment ; un chaos, enfin, que, comme pour confondre la raison humaine, la Providence avait maintenu en équilibre jusqu'au moment où, retirant sa main toute-puissante, tout vola en éclats.

Ce que nous venons de dire de Rome était commun au monde romain tout entier, à la Gaule spécialement,

Ce tel tableau sincère de la sociabilité romaine pouvait seul faire comprendre comment, par suite d'un état si déplorable d'abrutissement, de faiblesse et de décadence, lors de la conquête, les terres étaient passées, presque sans résistance, des mains de leurs possesseurs à celles des conquérants barbares. Incapable de résister à cette spoliation générale, ce peuple, alors abruti par les débordements de tous les vices, se soumettait à tous les envahissements, et n'osait pas même prendre les armes pour repousser ces incessantes agressions étrangères ou domestiques. De cette lâche soumission d'une part, de cette facilité de conquête de l'autre, il resulta tant de juste orgueil pour la race conquérante, tant de mépris mérité pour la race conquise, qu'il se forma une séparation totale entre les deux classes de vainqueurs et de vaincus, et qu'il s'opéra un changement complet dans les habitudes, les occupations et le caractère des deux classes sociales. De la première, les libres conquérants, sortit la race restreinte et privilégiée des nobles de l'Europe moderne; de l'autre, les timides vaincus, descendit la race nombreuse et avilie de paysans et d'ouvriers. Les premiers s'appelèrent des seigneurs, les autres des serfs, ou, en d'autres termes, des maîtres et des esclaves[1]. Des causes, toutes dépendantes de la conquête et de la souveraineté, communiquèrent aux descendants de la classe privilégiée un sentiment d'indépendance, d'orgueil et de force, qui, en peu de temps, dégénéra en oppression. Des causes analogues, dépendantes de la défaite et de la sujétion, rivèrent au cou des descendants de la classe avi-

---

[1] Les vainqueurs prirent le nom de : *Noble race des Francs*, *Edil Frankono luidi*, les autres : *Serfs romains.*

lie, des chaînes dont des milliers de siècles n'ont encore pu briser le dernier anneau.

C'est dans cette séparation primitive des divers rangs de la société européenne occidentale, qu'il faut chercher une des causes générales des révolutions modernes. Mais avant que ces intérêts ainsi créés pussent arriver à une collision décisive; avant que les peuples eussent pu recouvrer leur énergie éteinte par le calme de la servitude ou la violence de l'oppression, il fallait, indépendamment des causes incidentelles, l'influence graduelle et irrésistible d'une autre cause générale, toute d'ordre moral, et que voici.

Le christianisme, dès son apparition, en condamnant toutes les formes de servitude, en proclamant le grand principe d'égalité humaine, avait ouvert une voie nouvelle au progrès de l'homme et à son activité. Par sa seule force d'expansion, sa seule puissance d'assimilation, son esprit s'était tellement mêlé à tout, tellement identifié avec tout, qu'il dominait les actes, la pensée, l'intelligence de ceux-là même qui mettaient en question son autorité présente et future.

Parmi les grandes choses accomplies depuis sa naissance jusqu'en 1789, la plus grande était sans contredit celle qui était passée le plus inaperçue; c'était cette force secrète de cohésion et de résistance de l'esprit chrétien, qui n'avait cessé de maîtriser l'ordre social et moral tout entier. Partout insaisissable, partout actif, cet esprit avait maintenu dominant son principe progressif, au milieu des tendances les plus divergentes, des efforts les plus disparates. Après une action lente, mais régulière; insensible, mais sûre; inappréciable, mais inévitable, il devait le faire surgir triomphant de tous les désastres.

Telles ces gouttes d'eau tombant une à une des voûtes creusées dans les flancs des monts, s'infiltrent inaperçues dans le sol, et vont sourdre plus loin en sources jaillissantes.

Quoique la manière dont il opéra cette action qui devait sauver le monde soit restée un secret entre Dieu et les siècles, on peut la pressentir par le caractère même des principes du christianisme ; celui de *liberté* avait moralement aboli tous les genres de servitude ; celui d'*égalité* avait réhabilité la dignité humaine ; celui de *fraternité*, étendu à la famille humaine, quels que soient le nom, la race, le culte de chacune des unités qui la composent, avait substitué l'assimilation réelle et illimitée d'un monde vigoureux de jeunesse, à l'assimilation factice et circonscrite d'un monde caduc ; il avait tracé au dévouement un cercle dont le rayon se perd dans l'infini ; il avait ouvert aux vertus et aux facultés humaines un champ fécond et sans limites dont le monde antique n'avait pas pressenti l'existence, et dont le monde moderne n'a pu encore défricher que quelques sillons.

Le progrès se trouvait dès lors naturellement indiqué, et la réalisation de l'esprit chrétien dans l'ordre civil et politique, devenait le but de l'activité humaine.

En pénétrant au fond de toutes les questions qui se sont agitées depuis plusieurs siècles, il était aisé de voir que cette œuvre était en travail. Au-dessous des fausses apparences, fatal mirage qui a égaré tant d'esprits, on pouvait découvrir ce centre commun vers lequel tout convergeait. La France se trouvait à la tête de cette nouvelle croisade pacifique, et portait en elle les espérances des peuples qui attendaient d'elle, avec anxiété, la solution du plus grand problème de l'humanité, la proclamation universelle des grands principes du christianisme comme bases d'état social.

Alors on put voir poindre çà et là, dans le monde moral et politique, des jets imprévus de la réalisation de l'esprit du christianisme : ils se mêlèrent peu à peu aux institutions et à la loi vivante des peuples. Les ames étaient préparées à la solidarité promise, elles ne demandaient qu'à se laisser conduire à l'unité sociale du monde ; elles savaient que ce chemin vers l'unité n'était pas une formule, mais que c'était la vie. Elles n'ignoraient pas que les principes de fraternité entre les hommes, de solidarité entre les peuples, d'unité dans le monde, avaient été proclamés par l'Évangile, il y a dix-huit siècles ; que, méconnus trop souvent dans les lois, ils s'étaient inscrits dans les cœurs ; qu'ils y avaient pris racine ; que la préoccupation des besoins physiques, le matérialisme de la vie réelle n'avaient pu les étouffer ; enfin, qu'ils s'étaient produits sous mille formes, sous mille emblèmes, jusqu'au jour où, par une solennelle consécration, la Révolution française allait les introduire violemment, avec les autres principes, liberté, égalité, dans l'ordre civil et politique.

Lorsque ce fait immense se fut accompli, les peuples ne purent se méprendre sur la portée de ce grand résultat, et cela explique leur confiance dans la France, leur adhésion à ses principes, leurs efforts, leurs vœux et leurs espérances.

Telles furent les deux causes générales de la Révolution française et des conséquences de cette révolution sur les peuples de l'Europe. C'était la même question qui, partout pendante, était en solution, il est vrai, dans la France seule, mais qui, pour un motif commun à tous, intéressait tous les peuples de l'Europe.

A ces deux causes, générales et éloignées, d'une révolution, il en existait d'autres incidentelles, soit communes aux États européens, soit particulières à la France.

Nous nous arrêterons un instant à ces dernières, et, pour les rendre plus sensibles, nous remonterons à leur origine. Nous arriverons ainsi à constater le développement graduel de leur gravité naturelle, et leur premier résultat forcé. Nous choisissons à dessein la France, pour rendre plus palpable la personnification de ces causes ainsi groupées sur le grand fait révolutionnaire d'où sont dérivés tous les autres. Mais, en adoucissant les teintes sur quelques points, en les rembrunissant sur d'autres, le lecteur aura le tableau de toutes ces mêmes causes qui existaient plus ou moins dans les autres États de l'Europe.

Simple assemblage d'institutions municipales plus ou moins bien définies, la liberté n'était, dans la civilisation antique, grecque, romaine ou autre, que le privilège exclusif des citoyens ou hommes libres. L'esclavage, base de tout état social, arrêtait le développement de tout progrès dans les classes inférieures. L'amélioration de la condition de ces classes n'était pas dès lors possible, et leur puissance expansive ne pouvait jamais agir sur le gouvernement. Dans un tel état de choses, la liberté devait nécessairement toujours aboutir au despotisme. Le progrès exclusif de l'opulence dans les classes privilégiées, y poussait comme à une nécessité fatale; la corruption des mœurs, qui suit toujours l'opulence, hâtait encore ce résultat. L'histoire des peuples antiques est sur ce point unanime. Les âges les plus anciens furent des temps de liberté plus ou moins étendue, plus ou moins assurée ; ceux qui suivirent furent des époques d'asservissement plus ou moins oppressif, plus ou moins durable. Mais, cependant, quel que fût l'ordre social établi, républicain ou monarchique, c'était toujours un despotisme; seulement, il n'avait jamais rien à redouter des classes inférieures, qui, enchaînées dans les liens de l'esclavage, n'avaient ni les moyens d'opérer un mouvement pour renverser ce qui était, et, disons-le, ni même la pensée. En effet, n'ayant pas de propriété, bien plus, chacun des individus composant ces classes n'étant lui-même qu'une propriété isolée, une *chose*, tout effort unanime ou concerté devenait presque .mpossible. Les classes supérieures ne tirant leur force que d'elles-mêmes, de leur *nature propre*[1], n'avaient rien à redouter du grand corps des classes inférieures, qui, forcé par son état de servilisme de travailler seul pour nourrir et enrichir les autres, maudissait, il est vrai, le présent, mais ne pouvait avoir la conscience ni de la foi ni de l'espérance dans l'avenir.

Les temps modernes, en 1789 surtout, étaient dans une tout autre condition. Le christianisme, en nivelant moralement toutes les classes, avait relevé la dignité des classes inférieures. Des efforts persévérants les avaient peu à peu émancipées, et l'imprimerie, en propageant les lumières, leur avait ouvert la voie du progrès et facilité l'appréciation de leur valeur personnelle. Dès ce moment, la richesse ne s'était plus exclusivement accumulée sur les classes privilégiées; les classes laborieuses en avaient eu leur part. La puissance avait peu à peu suivi la richesse, et, à chaque nouvelle période des sociétés, les ressentiments populaires étaient devenus de plus en plus redoutables.

---

[1] Les anciens divisaient l'humanité en deux espèces: les citoyens, *première espèce humaine*; les esclaves, *deuxième espèce*. Sénèque traita avec de grands developpemen's la question suivante: « *Peut-on appeler bienfait ce qu'un esclave fait pour son maître?* » Macrobe fait dire à Evangelus qu'*il ne croit pas que les esclaves soient l'objet de l'attention de la Providence*. Rencherissant sur eux, Florus se demande *si les esclaves ont une ame*.

En augmentant la force des classes qui, par instinct, par intérêt et par position , doivent naturellement aimer et soutenir la liberté, la diffusion des lumières avait été ainsi la source des progrès de l'industrie et de l'aisance; et l'aisance et l'industrie allaient devenir, à leur tour, celle de l'indépendance graduelle des sociétés.

L'action de ces causes avait, et a eu depuis, un caractère si universel, qu'elle a formé le trait le plus distinctif entre les temps anciens et les temps modernes. Aussi l'accroissement graduel de l'importance des ordres inférieurs d'où pouvait au besoin jaillir une source d'autorité et de vigueur, capable de remédier à presque tous les désastres nationaux, changea totalement la balance du pouvoir, en constituant une force là où il n'y en avait jamais eu.

Dans les temps antiques, rien de pareil ne s'était produit et même n'avait pu se produire.

En effet, par suite du droit public du temps, qui avait fait de la victoire la pourvoyeuse de la servitude, les familles plébéiennes étaient, à Rome comme ailleurs, les principales familles des populations vaincues. Quoique placées par la défaite dans une situation inférieure, ces familles, naguère puissantes dans leur cité, avaient parfois sauvé de grands débris de fortune, et pouvaient être tentées de disputer à leurs vainqueurs le pouvoir politique. Mais dans ce fait rien ne ressemblait à ce long et douloureux travail des classes inférieures modernes, employant des siècles à conquérir non le pouvoir politique, mais une existence civile et un nom. Dès avant la révolution de 1789, le nom fut conquis, du moins en France; on les appela le tiers-état; l'existence civile ne devait être la conquête que de la révolution même.

Voici comment apprécie la formation et l'importance de cette classe nouvelle, un historien moderne qui en a, un des premiers défini le véritable caractère social [1].

« Personne n'ignore le grand rôle que le tiers-état a joué en France : il a été l'élément le plus actif et le plus décisif de la civilisation française, celui qui en a déterminé en dernière analyse la direction et le caractère. Considérée sous le point de vue social, et dans ses rapports avec les diverses classes qui coexistaient sur le territoire français, celle qu'on a nommée le tiers-état s'est progressivement étendue, élevée, et a d'abord modifié puissamment, surmonté ensuite, et enfin absorbé, ou à peu près, toutes les autres. Si on se place dans le point de vue politique, si on suit le tiers-état dans ses rapports avec le gouvernement du pays, on le voit d'abord, allié pendant plus de six siècles avec la royauté, travailler sans relâche à la ruine de l'aristocratie féodale, et faire prévaloir, à sa place, un pouvoir unique, central, la monarchiepure, très-voisine, en principe du moins, de la monarchie absolue. Mais, dès qu'il a remporté cette victoire et accompli cette révolution, le tiers-état en poursuit une nouvelle, il s'attaque à ce pouvoir unique, absolu, qu'il avait tant contribué à fonder, entreprend de changer la monarchie pure en monarchie constitutionnelle, et y réussit également. Ainsi, sous quelque aspect qu'on le considère, soit qu'on étudie la formation progressive de la société en France, ou celle du gouvernement, le tiers-état est, dans notre histoire, un fait immense. C'est la plus puissante des forces qui ont présidé à notre civilisation. Bien plus, ce fait n'est pas seulement immense : il est nouveau et sans autre exemple dans l'histoire du monde. Jusqu'à l'Europe moderne, jusqu'à notre France, rien de semblable à l'histoire du tiers-état ne frappe les regards. Dans les destinées des principales nations de l'Asie et de l'ancienne Europe, on reconnait sans peine presque tous les grands faits qui ont agité la nôtre; on y voit le mélange des races diverses, la conquête d'un peuple par un peuple, des vainqueurs établis sur des vaincus, de profondes inégalités entre les classes, de fréquentes vicissitudes dans les formes de gouvernement et l'étendue du pouvoir. Nulle part on ne rencontre une classe de la société qui, partant de très-bas, faible, méprisée, presque imperceptible à son origine, s'élève par un mouvement continu et un travail sans relâche, se fortifie d'époque en époque, envahit. absorbe successivement tout ce qui l'entoure, pouvoir, richesse, lumières, influence, change la nature de la société, la nature du gouvernement, et devient enfin tellement dominante, qu'on peut dire qu'elle est le pays même. »

Il est aisé de comprendre, après cette lucide appréciation de l'accroissement progressif et de l'importance du tiers-état, que le grand corps des classes laborieuses qui le composent devait naturellement arriver, par le seul effet de sa tendance progressive, à dominer les hautes classes qui n'avaient que l'indolence égoïste de la richesse, l'orgueil du luxe et de la naissance, pour contrebalancer l'énergie supérieure et les habitudes industrieuses des classes populaires.

Le grand changement opéré dans ces dernières classes devait avoir deux effets immédiats. Le premier, c'est que les temps modernes seraient moins exposés que les temps antiques, à subir l'effet corrupteur de l'opulence sur le caractère national, et celui de sa tendance à éteindre l'amour de la liberté. La corruption, pour cela, ne devait pas cesser de marcher sur les pas de la richesse. Si, par quelque rare exception, elle n'énervait pas ceux qui auraient été les artisans de leur propre fortune, son action, en quelque sorte délétère, ne manquerait pas d'agir sur leurs descendants. Mais, comme le mouvement de ceux qui pourraient s'élever ne s'arrêterait pas, comme il ne serait plus restreint à une caste ou à des conditions exceptionnelles; comme, enfin, il embrasserait l'ensemble de l'universalité des citoyens, l'influence du principe énervant et corrupteur serait naturellement balancée par l'entrée incessante, dans les rangs supérieurs, des nouvelles individualités parties des rangs inférieurs. Aucune barrière alors n'empêchant l'homme du peuple d'arriver jusqu'aux sommités de l'échelle, l'aristocratie nouvelle allait se trouver, naturellement et incessamment, rajeunie par une dose suffisante de vigueur et d'énergie.

Le second effet du grand changement opéré dans les classes populaires, était d'une nature moins conservatrice. En ouvrant une vaste voie à toutes les vertus de l'homme social, en faisant jaillir ces sources limpides d'où la jeunesse et la vigueur pouvaient en tout temps découler et circuler dans le corps social, la diffusion des lumières avait laissé accès à toutes les ardeurs, toutes les impatiences, tous les désirs de s'élever, de se distinguer, qui peuvent assaillir l'homme quand il a le sentiment de ses connaissances. Dans ces circonstances, les classes supérieures restent attachées, par instinct de conservation, aux dignités et aux privilèges qu'elles tiennent de leur naissance. Les classes inférieures, de leur côté, si leurs richesses et leur importance croissantes les mettent en état d'y prétendre, s'efforcent d'étendre

-eurs droits. et aspirent naturellement à toutes les franchises dont elles voient jouir les autres. Alors, dans tout État parvenu à ce degré de civilisation, une collision entre les classes patriciennes et plébéiennes, ou supérieures et inférieures, devient inévitable.

En 1789, la France et une partie de l'Europe se trouvaient dans cette condition; aussi devint-elle facilement appréciable en France lorsqu'éclata la Révolution.

En effet, lors de ce grand mouvement national, ce ne furent plus les nobles, conduits par leurs chefs respectifs, qui déployèrent leurs étendards. Sous l'influence du principe énervant et corrupteur, la richesse, et avec elle le pouvoir, avaient insensiblement glissé de leurs mains. Ce ne furent plus des vassaux soutenant, isolés, des luttes pour la défense des murailles de leurs villes; ce fut le corps entier des classes laborieuses, peuple, bourgeois ou artisans, aux mains de qui s'étaient alors accumulés la richesse et le pouvoir qui la suit toujours. Animé par un même sentiment, fort de la conviction d'un appui mutuel, il jeta un cri de guerre, prêt à voler aux armes. Agissant hardiment par lui-même, il ne demanda ni à ses seigneurs de le conduire, ni à ses magistrats de le diriger; mais, se présentant seul dans l'arène, seul il se chargea de soutenir la lutte contre tous les pouvoirs auxquels il avait été subordonné jusqu'alors.

Après avoir constaté l'origine des causes accidentelles qui amenèrent la révolution, le développement graduel et normal de leur gravité, et, enfin, leur premier et inévitable résultat, passons aux causes elles-mêmes.

Si l'oppression de l'aristocratie féodale et de la classe privilégiée qui lui avait succédé avait laissé dans les classes populaires des ferments de haine implacable, la rapacité du clergé avait fait naître mille sources de mécontentement. Avec la première, la dignité de l'homme avait été froissée; avec la seconde, son intérêt.

Ces germes de mécontentement avaient fermenté dans le sein du clergé lui-même, et provenaient, d'une part, de l'injuste exclusion des membres plébéiens des grandes dignités cléricales, et de l'autre, de l'inique partage des biens ecclésiastiques. Les avantages du sang suffisaient pour élever un membre du clergé aux plus hautes fonctions cléricales; la même classe d'où l'on tirait les maréchaux et tous les dignitaires militaires et civils, fournissait aussi les dignitaires de l'Église. Un comte de Vermandois nommé Herbert, séduit par les trésors de l'archevêché de Reims, avait su, dans le temps, faire élire à cet archevêché son fils, âgé de cinq ans. Cet exemple avait été plus d'une fois imité depuis.

D'un autre côté, les donations, les dîmes, la rançon des pénitences, l'adoration des reliques, l'impôt des miracles, le revenu des prières, et tous ces mille canaux par où le clergé pompait l'argent du peuple, avaient comblé ses trésors. Un roi de France avait donné à la ville de Strasbourg un pays si grand et si riche, que, selon l'expression naïve d'un vieux auteur, *il aurait pu convenablement doter la reine du ciel*. D'autres avaient abandonné à des évêchés ou des abbayes, des palais, des terres, avec exemption d'impôt. Le seul monastère de Saint-Riquier avait eu dans ses domaines la ville de ce nom, forte alors de deux mille cinq cents maisons, treize autres villes de moyenne grandeur, trente villages, et un grand nombre de métairies dont le produit était incalculable. En outre, les offrandes faites au tombeau de saint Riquier s'élevaient à 15,600 livres d'or pesant, ce qui fait 1,560,000 francs de notre monnaie. Un ancien cartulaire, intitulé : *Voici les hommages du seignèur archevêque de Besançon,* porte que les richesses de ce prélat surpassaient la fortune des plus grands princes [1]. Les dîmes seules rapportaient à l'Église plus de 130 millions de francs, sur lesquels 42 millions seulement étaient pour le clergé des paroisses. Les dignitaires se partageaient le reste et affichaient un luxe si scandaleux, que le cheval d'un prélat, a dit Sainte-Foix, dans ses *Essais sur Paris,* avait été jadis estimé deux hommes et trois femmes.

Les revenus en eux-mêmes, dont nous venons de parler, étaient fort peu de chose comparés à ceux des possessions territoriales du clergé, qui embrassaient la plus grande partie du sol de la France. En résumé, les prêtres et les nobles possédaient les deux tiers du royaume; le tiers-état, bourgeois, artisans ou vilains, possédait l'autre tiers, et payait plus d'impôts que les deux autres ordres. Les premiers étaient cent cinquante mille; les seconds vingt-cinq millions.

Tandis que, roulant sur l'or et l'argent, les évêques, abbés ou autres dignitaires s'épanouissaient au sein de la faveur, s'engraissaient des sueurs des classes laborieuses, tout le bas clergé, qui seul remplissait les devoirs pratiques les plus pénibles du peuple chrétien, était à peine élevé par le rang et le bien-être au-dessus du simple paysan. Cette situation modeste, accompagnée souvent de piété, de charité, formait un contraste frappant avec les habitudes mondaines, la vie dissipée des membres du haut clergé et de beaucoup d'ordres monastiques. Aux yeux des classes populaires, rien ne justifiait l'énorme opulence de ces derniers, et surtout l'incroyable oisiveté

[1] Marchangy, *Gaule poétique*

ou la débauche au sein de laquelle s'écoulait leur vie. Des auteurs du temps montrent des abbés visitant leurs abbayes en partie de chasse, et précédés de chiens et de veneurs. Des cloîtres étaient transformés en tavernes, en lieux de rendez-vous où l'on passait la nuit à boire, à chanter des paroles licencieuses autour d'une table chargée de mets exquis, de vins recherchés, avec des femmes assistant à cette orgie, et qui se laissaient persuader sans peine que la dîme des plaisirs du mariage était au nombre des droits de l'Église. Ces orgies étaient si fréquentes, que, dans une des oraisons du temps, on trouvait ce vœu singulier : « Seigneur, faites en sorte que nous ne soyons « jamais réduits à boire de l'eau [1]. »

Ainsi s'explique l'indignation universelle qui devait se révéler, en 1789, contre tant d'abus, de vices et de corruption.

Les impôts formaient encore un autre grief, moins encore par leur aggravation, que par leur système de répartition, basé sur cette singulière fiction féodale : « Les nobles défendant l'État par l'épée, le clergé intercédant pour lui par la prière, ne doivent concourir à l'impôt que dans une proportion infiniment moindre que le tiers-état. » Partant de ce principe, les deux ordres privilégiés ne payaient que la capitation et le vingtième, qui, réunis, ne dépassaient pas 5 francs sur 25 ; mais ils étaient exempts de la taille directement imposée sur le produit de la terre. De cette inégale répartition, il était résulté que, la taille et le vingtième portant exclusivement sur le travail de l'agriculture, si l'on eût divisé en douze parts le produit d'un acre, sept de ces parts auraient été pour le roi, quatre pour le propriétaire, et une pour le fermier. Les nobles et

[1] *Domine, fac ne potu puteali conveniat uti.*

le clergé étaient propriétaires de plus des deux tiers du sol, et le tiers-état, n'étant en quelque sorte que le fermier de ces deux ordres, avait presque seul à supporter toutes ces charges. On comprend, dès lors, sans peine, tout l'odieux, toute l'injustice d'une telle répartition, surtout à une époque de tranquillité presque séculaire, où, loin d'avoir à défendre l'État, la noblesse n'était occupée que de frivolités, de plaisirs, de débauches, et où les dignitaires ecclésiastiques se faisaient une gloire d'imiter les vices de la noblesse, et souvent de les dépasser.

A ce mode écrasant d'impôts pesant presque exclusivement sur le peuple, il faut joindre les redevances locales, les services imposés par la loi aux vassaux envers les seigneurs. Tantôt, le gibier de l'espèce la plus destructive, tel que les sangliers, les cerfs ou autres, pouvait s'ébattre à volonté dans les *capitaineries*, vastes districts sans nul enclos pour protéger les blés et les cultures. Dans quatre paroisses des environs de Montereau, le tort fait aux fermiers se montait à près de 200,000 francs par an : odieux impôt assis sur le travail pour les plaisirs de la chasse de quelques oisifs! En outre, pour que, au moment de l'accouplement, les perdrix ne fussent pas troublées, de nombreux édits défendaient le sarclage; pour que leurs œufs ne fussent pas détruits; les mêmes édits retardaient ou quelquefois même empêchaient le fauchage du foin; tous les travaux nécessaires de l'agriculture se trouvaient ainsi entravés, paralysés, annulés. L'infraction à ces édits était sévèrement punie, et, pour plus d'iniquité, les plaintes étaient portées devant une juridiction exceptionnelle, appelée *cours manoriales*, et dont le seul code était la chicane, l'injustice, la fraude et l'oppression.

Les services féodaux ne se bornaient pas là : le paysan ne pouvait moudre son blé qu'au moulin du seigneur, cuire son pain qu'à son four, presser son raisin qu'à son pressoir; l'usage même des moulins à bras n'était pas libre, et pour écraser le grain entre deux pierres, i fallait en acheter le droit. A cela se joignaient les enrôlements forcés pour la milice, les redevances arbitraires, non-seulement pour les ventes, mais encore pour toute mutation de la propriété, soit en ligne directe, soit en ligne collatérale, et enfin, les iniques corvées qui ruinaient annuellement tant de fermiers. Dans un des cahiers du tiers-état, lors de la Révolution, il fut question de plus de trois cents de ces malheureux réduits à la misère dans une seule de ces corvées, exigée par un seigneur de la Lorraine qui avait eu la fantaisie de combler une grande vallée.

En énumérant les causes incidentelles communes à l'Europe comme à la Révolution française, nous ne devons pas omettre, d'une part, la prérogative royale, qui, ayant pris une extension incompatible avec la vraie liberté, avait fini par usurper le droit le plus essentiel des citoyens, celui de délibérer sur les lois et d'accorder des subsides ; d'autre part, l'administration de la justice.

En ce qui concernait les subsides, le droit d'approuver, ou, comme on l'appelait, d'enregistrer les ordonnances d'impôts, avait passé du peuple aux parlements. Mais l'intervention personnelle du souverain, c'est-à-dire un lit de justice, pouvait, ou suspendre les délibérations quand elles n'étaient pas favorables, ou y exercer une décisive influence. Si cela ne suffisait pas, la royauté appelait à son aide la disgrâce, l'exil, l'emprisonnement, et il était rare qu'elle ne finît pas par l'emporter.

Des taxes ainsi imposées sans le consentement de la
nation ou de ses représentants, paraissaient plus lourdes
et plus oppressives. Des dettes énormes, fruit de scandales
royaux et de gaspillages privés, avaient, en outre, été
contractées sans l'assentiment national. Leur intérêt an-
nuel absorbait plus de la moitié des revenus de l'État, et
les créanciers du Gouvernement se virent alors sans sé-
curité ni garantie. De là un embarras dans les finances,
qui, de cause incidentelle, devint cause immédiate de la
Révolution. En effet, l'état de l'épuisement du trésor était
devenu tel, que, pour satisfaire même à des demandes
momentanées, il fallut recourir à des ressources extraor-
dinaires, et que rien, en définitive, ne parut praticable,
que la convocation des états-généraux.

Ainsi grevés, les sujets avaient encore à craindre pour
leur liberté ou pour leur vie. Des commissions criminelles,
arbitrairement nommées par le roi, les faisaient souvent
trembler pour l'une ou pour l'autre. Sans accusation,
sans procès préalable, des lettres de cachet accordées sous
le plus futile ou le plus odieux prétexte, pour satisfaire
une rancune, ou une vengeance, ou une criminelle pas-
sion, pouvaient plonger dans un cachot, pour le reste de
sa vie, l'homme le plus inoffensif et le plus innocent.

Quant à l'administration judiciaire, l'opinion générale
était que, dans les cours provinciales, il y avait à peu près
impossibilité d'obtenir justice. Cette opinion était fondée.
Totalement à l'abri du contrôle public, la justice n'était
qu'une source d'abus; ses décisions n'avaient pour mobile que l'intrigue et la corruption : partialité, vénalité,
tel était leur véritable caractère. De riches présents, les
sourires d'une jolie femme, la protection de la cour, la
promesse de ses faveurs, étaient toujours sûrs de faire

pencher la balance de **Thémis**, non–seulement dans les cours provinciales, mais encore dans les parlements. Là, comme ailleurs, quand un noble ou un grand pouvait, entre autres choses, jeter dans la balance le poids de son nom et de sa lignée, il était rare que le plateau ne penchât pas en sa faveur. Le bon droit d'un homme du peuple n'avait, à côté d'un tel avantage, qu'une minime valeur.

Des causes si nombreuses étaient bien de nature, sinon à amener une explosion, du moins à la préparer. Il en était d'autres moins générales, moins apparentes surtout, mais dont l'ensemble réuni devait former le redoutable faisceau que la puissance populaire placerait en tête de ses lignes le jour où elle attaquerait les pouvoirs oppresseurs dont des siècles d'usurpation et d'abus avaient cimenté, seuls, l'inique tyrannie.

Au nombre de ces dernières causes partielles et accessoires, étaient les nouveaux règlements introduits dans l'armée, celui, entre autres, de 1781, qui exigeait cent ans de noblesse pour faire un officier. A cette si ridicule prétention, qui réservait exclusivement les grades de l'armée à la noblesse de naissance, c'est-à-dire à la partie de la population la plus incapable et la plus dégénérée, vinrent se joindre mille abus dans la paie des troupes, dans les fournitures, et surtout dans l'adoption de la discipline allemande avec ses formes brutales et dégradantes. Ces dernières et extravagantes mesures soulevèrent tant d'indignation parmi les soldats, que quelques uns pleuraient de rage à la seule vue de leurs camarades punis à la prussienne. Dès ce moment, il fut aisé à tous les sentiments, à toutes les passions populaires, de passer dans les rangs, et, au jour de l'explosion du grand mécontentement national, les gardes françaises devaient être les premières à se ranger sous le drapeau du peuple

Une autre de ces causes accessoires était le froissement continuel de la vanité personnelle, qui forme un des traits principaux du caractère français. L'insulte est, en France, la moins pardonnable des vexations. Aussi, les privilèges des nobles, quelque iniques, quelque écrasants qu'ils fussent, étaient encore moins durs à supporter que leur orgueil. Cette distinction, entre patricien et plébéien, poussée presque à son point extrême; ce manque total de nuances dans les distinctions, qui, sans intermédiaire, divisait la société en deux classes, noble ou vilain; cette outrageante exclusion de la dernière classe à tous les emplois importants dans l'Église, l'armée, la cour, la magistrature, la diplomatie, tout cela annonçait tant d'arrogantes prétentions, tant de mépris calculé, que tout devait céder, que tout devait fléchir, la justice, les titres et les droits. Mais aussi, contre le venin que tant d'orgueil amassait, il allait n'y avoir plus de remède; contre les ravages qu'il présageait, il allait n'y avoir plus d'abri.

Cet orgueil aristocratique, dernier débris de la tyrannie féodale, legs suranné de la conquête des Barbares, était incompatible avec l'esprit du siècle, avec la marche des idées. Les temps étaient déjà bien changés. Cette classe bourgeoise, jadis si humble et si résignée, mais alors justement fière d'une richesse acquise par ses talents, son industrie ou son travail, s'était relevée dans sa dignité, jugeant à sa véritable valeur les biens et les droits transmis par le hasard du sang et de la naissance. Des hommes d'argent ne pouvaient endurer longtemps l'insolence de l'aristocratie; des hommes de talent, dès qu'il y eut un public formé, et, par suite, des moyens d'arriver à la réputation sans l'appui de la noblesse, ne pouvaient que dédaigner le patronage des grands et leurs capricieux engouements. La haine et le mépris contre la noblesse devinrent unanimes. Les privilèges, l'exclusion des emplois, l'inégalité, ayant été les maux par lesquels avait été le plus violemment froissée la vanité juste et naturelle des classes industrieuses, des hommes distingués par le talent ou la richesse, l'égalité de rang, l'abolition des privilèges, l'admission de tous à tous les offices furent généralement réclamées. Le cri universel fut liberté, égalité. Quand un peuple florissant et éclairé en est arrivé à ce point, une révolution est imminente.

Ces causes et d'autres n'avaient pas opéré tout-à-coup et toutes à la fois. L'action de quelques unes d'entre elles remontait déjà fort loin; mais les murmures sourds qui, de longue date, grondaient au sein de la nation, préparaient une impulsion universelle qui allait être le commencement d'une nouvelle ère dans les destinées de l'humanité, de l'ère des révolutions.

Si nous résumons ces causes partielles, nous en trouvons l'origine pure et sans mélange dans la conquête barbare. L'inégalité, les abus, les droits, les privilèges, n'avaient pas d'autre source. L'immense richesse des ordres privilégiés, au détriment du grand corps des classes laborieuses; la possession presque entière du sol par les premiers, le dénuement presque total du second; ces impôts répartis avec tant d'injustice et d'iniquité, les droits odieux, les exclusions, les privilèges révoltants, l'outrageant orgueil de l'aristocratie nobiliaire ou cléricale, étaient autant de faits dérivant de la conquête. Il résultait de là que le dominateur, au xviiie siècle, était toujours, du moins en principe, ce même barbare vainqueur de la

civilisation au ve et vi^e siècle, et depuis lors, oppresseur
incessant, spoliateur insatiable, et outrageant toutes les
lois de la morale et de l'humanité, pour paraître quelque
chose de plus qu'un homme, pour se créer une existence
exceptionnelle, entre le ciel qui avait déjà prononcé l'arrêt
de ses méfaits, et le peuple qui se préparait à l'exécuter.

On comprend sans peine alors comment aucun lien
d'affection, aucun intérêt commun ne pouvaient unir la
noblesse et le grand corps des classes laborieuses. La première regardait les individus composant le second comme
autant de bêtes de somme dont la sueur devait engraisser
ses champs, dont le labeur devait pourvoir à ses plaisirs,
à ses fantaisies, à ses débauches. De là cet esprit de rancune et de haine des classes inférieures contre cette classe
privilégiée dont elles n'avaient, en aucun temps, reçu ni
encouragements ni bienfaits. La royauté s'était montrée
parfois protectrice, la noblesse jamais. Aussi, le soulèvement devait-il être plutôt dirigé contre elle que contre le
trône. Seule, elle avait pu produire un mécontentement
assez général, une haine assez unanime pour faire
descendre un peuple entier en armes dans la rue.
Pour une révolution, il faut une cause universelle de souffrance ; l'iniquité des droits et des privilèges dont jouis-
sait la noblesse avait amené cette cause. « C'est une
« chose effrayante et terrible, a dit Pascal, que de réflé-
« chir à l'effet du rang ; il donne à un enfant à peine né
« une considération qu'un demi-siècle de travail et de
« vertu ne saurait procurer à d'autres. » Aussi, ce fut
cette ligne de démarcation que ni les talents, ni les entre-
prises hardies, ni les succès brillants ne pouvaient fran-
chir, qui devait le plus puissamment influer sur le caractère de la Révolution française.

« La marche de la civilisation, a dit un philosophe moderne, produit nécessairement une collision entre les classes aristocratiques et les classes populaires. Dans toutes les sociétés avancées, le pouvoir fondé sur la conquête, les privilèges, tirant leur origine des époques de barbarie, des prérogatives créées pour des temps d'anarchie, sont incompatibles avec les désirs que développent la tranquillité et l'opulence d'une existence civilisée. Les uns ou les autres doivent céder. Mais les secousses d'une révolution ne sont pas toujours nécessaires pour opérer ce changement; son irruption soudaine seule cause des catastrophes; c'est, en effet, la rapidité de la descente sur lequel le fleuve se trouve lancé, qui le change en cataracte. »

Marchant la première dans la voie de la civilisation moderne, la France, au xviii° siècle, ne pouvait échapper à cette tendance générale. Mais il lui avait manqué jusqu'alors l'élément dissolvant et lumineux qui devait, d'une part, faciliter la rupture de tous les liens qui attachaient un peuple au passé; de l'autre, jeter une clarté vive au sein d'un ténébreux abîme d'iniquités; la diffusion des lumières fut cet élément.

Son action bienfaisante et féconde s'était manifestée par un esprit d'investigation, la hardiesse de la pensée déchaînée par la réforme au xvi° siècle. Elle prit un développement immense avec les spéculations philosophiques plus hardies encore du xviii°. La religion, la condition de l'homme dans ce monde et dans l'autre, seront toujours les objets les plus aptes à captiver la pensée humaine; et la politique alors devient naturellement le but des efforts de l'esprit de recherche, s'il subsiste longtemps en toute liberté.

C'est ce qui était arrivé en France ; et, par un aveugle-
ment providentiel, le despotisme qui y était alors constitué ne vit pas de résultat immédiat possible dans un
examen qui ne se manifestait qu'en termes généraux.
Ce fut en effet sous Louis XIV que se déploya l'essor
d'une vigueur intellectuelle qui devait, à quelque temps
de là, briser toutes les entraves. Il est juste de dire que
les signes des temps nouveaux n'étaient pas faciles à voir.
L'homme d'État, à en juger par le passé, n'avait à appré-
hender de soulèvement d'une nature sérieuse que de
la part de la noblesse. Le peuple avait jusqu'alors tout
supporté avec patience, et rien ne révélait que l'heure de
la résignation fût passée. Si déjà les plus clairvoyants
pouvaient démêler à l'horizon le point noir de la tem-
pête qui allait fondre sur le monde, cet état menaçant
de l'horizon politique se présentait dans des conditions
si différentes de tout ce qui avait été jusqu'alors, qu'aucun signe appréciable ne pouvait guider les gouvernants.
Dans ces régions ignorées, sous ce ciel inconnu où le vais-
seau de l'État était prêt à être lancé, des aveugles tenaient
le gouvernail.

En effet, un élément nouveau, dont nul n'avait jamais
pu tenir compte, apparaissait : c'était le peuple, puissance
méconnue, dont la volonté avait été jusqu'alors une véritable lettre morte, et qui, pour la première fois, se présentait entrant en ligne dans cette longue et terrible bataille que les pouvoirs constitués, royauté, noblesse,
clergé, parlement, s'étaient livrée pendant des siècles
pour s'assurer exclusivement la souveraineté.

La cause de cette sorte de résurrection du peuple est
facilement appréciable.

Au milieu du tourbillon intellectuel des XVIe, XVIIe et xviiiᵉ siècles, dans un concours d'affluents, tantôt repoussés, tantôt absorbés, s'étaient produits et maintenus deux grands courants: l'un philosophique, l'autre politique. Leurs mouvements s'étaient naturellement trouvés parallèles, parce que la liberté d'agir est une conséquence naturelle de la liberté de penser. Leur source était commune aussi. Si le mouvement politique était né avec les tentatives faites par les serfs pour arriver à l'affranchissement, il n'avait eu un but clairement défini qu'après que les scholastiques Rabelais, Montaigne, La Boëtie, eurent imprimé un commencement de tendance nouvelle au mouvement philosophique. Descartes, Bayle, activèrent ensuite sa marche en élargissant sa sphère, qu'amenèrent enfin à son plus grand développement Voltaire, Diderot, Jean-Jacques, Turgot, Montesquieu, les économistes et les politiques.

Un fait digne de remarque s'était produit à cette époque. Pendant que le mouvement philosophique préparait dans les esprits son action lente, mais sûre, le mouvement politique s'était arrêté, comme pour donner aux rois le temps d'écraser les ennemis communs de la royauté et du peuple, la noblesse et le clergé. Mais, dès que la royauté eut accompli son œuvre, le mouvement politique recommença, et le peuple et le roi se trouvèrent seuls en présence. Malheureusement pour elle, la royauté, victorieuse de la noblesse, ne s'aperçut pas que son but était atteint et son action définie, lorsqu'elle eut établi l'unité de la France et l'égalité de tous devant elle. En voulant aller plus loin, elle dépassa son but, et compromit son action. En effet, le peuple avait bien pu consentir à lui laisser acquérir ce pouvoir, parce qu'elle était l'unique représentant de la volonté populaire et des lois. Mais dès que la royauté, prenant la possession pour le droit, crut que ce pouvoir lui appartenait en propre et oublia qu'elle n'était qu'un moyen et non une fin, tout fut remis en question.

Dès ce moment elle devint un obstacle naturel aux progrès de la nation, et, dès qu'elle voulut entreprendre de lutter contre la marche incessante des évènements, il ne fut plus difficile de prévoir quelle serait l'issue de la lutte.

Ce fut sous le règne même de Louis XIV, dès 1694, que partit la première protestation qui fut faite en France pour revendiquer les droits de la liberté contre le despotisme. Ce curieux et hardi document est l'œuvre de Fénelon, et il peint si admirablement l'état des nations sous l'empire de la monarchie absolue, qu'il trouve naturellement ici sa place.

« La personne, Sire, écrivait à Louis XIV l'archevêque de Cambrai, qui prend la liberté de vous écrire cette lettre, n'a aucun intérêt en ce monde. Elle ne l'écrit ni par chagrin, ni par ambition, ni par envie de se mêler des grandes affaires. Elle vous aime sans être connue de vous ; elle regarde Dieu en votre personne.

« Depuis environ trente ans, vos principaux ministres ont ébranlé toutes les maximes anciennes pour faire monter jusqu'au comble votre autorité, qui était devenue la leur, parce qu'elle était dans leurs mains. On n'a plus parlé de l'État ni des règles, on n'a parlé que du roi et de son bon plaisir ; on a poussé vos revenus et vos dépenses à l'infini ; on vous a élevé jusqu'au ciel pour avoir effacé, disait-on, la grandeur de tous vos prédécesseurs ensemble, c'est-à-dire pour avoir appauvri la France entière, afin d'introduire à la cour un luxe monstrueux et incurable. Ils ont voulu vous élever sur les ruines de toutes les conditions de l'État, comme si vous pouviez être grand en ruinant tous vos sujets, sur qui toute grandeur est fondée.

« Vos peuples, que vous devriez aimer comme vos enfants, meurent de faim. La culture des terres est presque abandonnée; les villes et les campagnes se dépeuplent; tous les métiers languissent et ne nourrissent plus les ouvriers; tout commerce est anéanti : par conséquent vous avez détruit la moitié des forces réelles du dedans de votre État, pour faire et pour défendre de vaines conquêtes au dehors. Au lieu de tirer de l'argent de ce pauvre peuple, il faudrait lui faire l'aumône et le nourrir. La France entière n'est plus qu'un grand hôpital désolé et sans provisions; les magistrats sont avilis et épuisés; la noblesse, dont tout le bien est en décret, ne vit que de lettres d'État. Vous êtes importuné de la foule de gens qui demandent et qui murmurent. C'est vous-même, Sire, qui vous êtes attiré tous ces embarras, car tout le royaume ayant été ruiné, vous avez tout entre vos mains, et personne ne peut plus vivre que de vos dons. Voilà ce grand royaume si florissant, sous un roi qu'on nous dépeint tous les jours comme les délices du peuple.

« Mais ce peuple qui vous a tant aimé (il faut tout dire), qui a eu tant de confiance en vous, commence à perdre l'amitié, la confiance et même le respect. Vos victoires et vos conquêtes ne le réjouissent plus; il est plein d'aigreur et de désespoir ; la sédition s'allume peu à peu de toutes parts. Ils croient que vous n'avez aucune pitié de leurs maux, que vous n'aimez que votre pouvoir et votre gloire. Si le roi, dit-on, avait un cœur de père pour son peuple, ne mettrait-il pas plutôt sa gloire à lui donner du pain qu'à garder quelques places de la frontière qui causent la guerre ! Que répondre à cela ? Les émotions populaires, inconnues depuis si longtemps, deviennent fréquentes. Paris même, si près de vous, n'en est pas exempt. Les magistrats sont contraints de tolérer l'insolence des mutins, et de faire couler sous main quelque monnaie pour les apaiser.

« Voilà, Sire, l'état où vous en êtes : vous vivez comme ayant un bandeau fatal sur les yeux ; vous vous flattez sur les succès journaliers qui ne décident rien, et vous n'envisagez pas d'une vue générale le gros des affaires qui tombe insensiblement sans ressource. Pendant que vous prenez dans un rude combat le champ de bataille et le canon de l'ennemi, pendant que vous forcez les places, *vous ne songez pas que vous combattez sur un terrain qui s'enfonce sous vos pieds, et que vous allez tomber malgré vos victoires.*

« Tout le monde le voit, et personne n'ose vous le faire voir. »

Pendant la seconde moitié de ce règne si énergiquement décrit, s'était accomplie une sorte de révolution préparatoire occulte ; elle semblait n'avoir attendu que la mort de Louis XIV pour éclater. Aussi tous les ordres sociaux, longtemps courbés sous un joug de fer, se relevèrent alors spontanément, avides d'indépendance et de liberté, et un moment on put croire à une sorte de concours tacite où chacun d'eux allait exposer, devant un jury humanitaire, ses titres au droit d'assurer à tous les biens si ardemment convoités. Les produits furent ce que les vices des siècles et les progrès des âges avaient rendu chacun des ordres apte à produire. « La royauté produisit Louis XV ; la noblesse, les roués, la régence et ses débauches ; le clergé, ses turpitudes et Dubois. Quant au peuple, jusqu'alors si méprisé, si méconnu, il produisit Rousseau, Diderot, d'Alembert, et toute cette hardie cohorte de penseurs qui attestaient la puissance de la véritable nation et annonçaient son avenir. »

Le prix du concours lui revenait de droit. Il l'obtint, toujours tacitement; mais l'effet ne tarda pas à s'en faire sentir.

Pendant la régence, dont l'anarchie favorisait la discussion et la propagation des idées, le mouvement philosophique et politique commença peu à peu à se dessiner. Puis, dès que l'*Encyclopédie* eut, par son apparition, vulgarisé les idées philosophiques, l'ordre social, que tout le monde condamnait, fut moralement renversé. Il manquait un code organisateur à la place de ce qui n'était plus ; le *Contrat Social* en fut l'expression démocratique.

Chose singulière ! ni dans le gouvernement, ni parmi la noblesse, ces profondes études sur les objets généraux n'excitaient aucune alarme. Les pouvoirs constitués, confiants dans ce calme qui régnait depuis si longtemps au sein du pays, se croyant au-dessus de toute atteinte, étaient loin de s'imaginer qu'il pût y avoir quelque danger pour eux dans des rêveries plus ou moins justes sur le contrat social, sur les mœurs et l'esprit des nations. L'illusion à ce sujet était même portée si loin, que des nobles et même des rois, convaincus que ces théories spéculatives leur étaient aussi peu applicables que les coutumes de la Tartarie chinoise, s'amusaient à former des spéculations sur l'égalité originaire et l'état primitif de l'homme

C'était jouer avec le feu.

Vers ce même temps, en 1776, longtemps écrasé sous

un joug de fer, un peuple le brisa et basa son ordre politique sur les hardies théories qui occupaient alors tous les esprits. La déclaration des droits du congrès américain (4 juin 1776) portait expressément : « Tous « les hommes ont été créés égaux, et doués par le Créa- « teur de certains droits inaliénables. Pour s'assurer la « jouissance de ces droits, les hommes ont établi pour « eux des gouvernements dont la juste autorité émane « du consentement des gouvernés. Et toutes les fois « qu'une forme de gouvernement quelconque devient « destructive des fins pour lesquelles elle a été établie, « le peuple a droit de la changer et de l'abolir. »

De telles doctrines étaient évidemment filles de la philosophie française, et la mise en pratique des théories dont se nourrissaient toutes les intelligences. Aussi elles trouvèrent en France d'ardents défenseurs, y inspi- rèrent une inexprimable sympathie, et y activèrent outre mesure le développement des idées démocratiques; merveilleuse puissance des conceptions intellectuelles, qui, sans cesse agissant ou réagissant, préparaient leur application dans un avenir dont il était facile de prévoir le terme.

Mais, si des travaux gigantesques s'étaient accomplis en France dans l'ordre intellectuel, il n'en était pas de même dans l'ordre politique. Le pouvoir était nul, bafoué, méprisé et méprisable; la France était visiblement faible, matériellement parlant, et son influence en Europe était cependant immense ; par le simple motif que, malgré les haines nationales soigneusement entretenues par les rois, les peuples avaient fini par s'entendre. Cette activité intellectuelle française, qui faisait alors la seule gloire et la seule force de la nation, avait débordé sur l'Europe

comme un nouveau déluge. Les philosophes du mon
entier suivaient la direction de l'école encyclopédiste
En Angleterre, Hume, Robertson, Gibbon; en Italie, Vico
Beccaria, Filangieri; en Allemagne, Wieland et Lessin
étaient les continuateurs en histoire, en économie,
philosophie.

Dans la politique pratique, l'influence de cette école
était plus puissante encore. L'*Esprit des Lois* était devenu
le code des souverains et des hommes d'État. L'Espagne
était gouvernée philosophiquement par d'Aranda, Campo-
manes, Florida-Blanca; le Portugal par le marquis de
Pombal; l'Autriche par Joseph II; le Danemark par
Struensée; la Toscane par Léopold; le Milanais par le
comte de Frimian, etc....

Ces efforts simultanés des philosophes, des historiens,
des hommes d'État pour appliquer ces spéculations nouvelles aux principales branches des connaissances humaines, contribuaient puissamment à les répandre. Les
peuples, de leur côté, captivés par la nouveauté des idées
énoncées, éblouis par la brillante éloquence avec laquelle on les développait, mus par un même et judicieux
instinct, sentaient qu'il y avait là un germe de rénovation. Les injustices de l'oppression leur paraissaient
plus poignantes, les exclusions aristocratiques plus in-
sultantes; ils toléraient moins patiemment l'injure et le
dédain, par cela seul qu'ils appréciaient plus vivement
leur valeur personnelle. Les classes moyennes surtout, où
la richesse et les lumières avaient pénétré davantage,
désiraient plus fortement leur émancipation, et suppor-
taient avec moins de résignation le poids des chaînes de
la servitude. Tout cela, commun aux nationalités européennes, mais plus prononcé en France, établissait entre

les peuples une unité d'esprit qui ne se formulait par rien et qui était visible partout.

Une différence sensible existait cependant entre les peuples, dans les moyens d'application des principes qui fermentaient. C'était encore le peuple français qui était le plus en état d'agir hardiment par lui-même, de se charger de soutenir cette cause humanitaire contre tous les pouvoirs auxquels il avait jusqu'alors obéi.

Pour commencer un conflit dont l'avenir du monde pouvait être le résultat, il fallait une certaine audace chevaleresque; l'esprit militaire du peuple français avait ce caractère spécial. Pour soutenir avec succès ce conflit, une force patiente était indispensable ; un courage naturel développé par une longue suite de triomphes, en rendait ce peuple susceptible. Les longues et désastreuses guerres de la France contre l'Angleterre, les discordes religieuses du xvie siècle, des luttes presque incessantes avec les divers peuples du continent, avaient doué son esprit militaire de cette vivacité tenace pour laquelle un but proposé est un but atteint. « Dans tous les temps, d'ailleurs, dit un historien anglais[1], dont le témoignage flatteur en cette circonstance mérite d'être constaté, les Français ont été la nation la plus guerrière de l'Europe, et cette disposition touche de bien près à celle qui fait aimer la liberté. On peut voir, il est vrai, le courage militaire subsister sans celle-ci, mais celle-ci ne saurait subsister sans lui. »

Ce motif est une des causes accessoires qui lancèrent la France, la première, dans l'arène des révolutions. Il n'en était pas d'elle comme de l'Italie, de l'Espagne, du Portugal, où les peuples, abrutis par la

[1] Archibald Alison, *Histoire de l'Europe.*

domination séculaire des moines , énervés par de longs intervalles de tranquillité, avaient perdu le sentiment de leur dignité et l'énergie nécessaire pour réclamer et conquérir leur indépendance. Ce n'est pas tout de se plaindre des oppresseurs, de déplorer des humiliations, de regretter des libertés; pour reconquérir des droits méconnus, pour briser des fers abhorrés, il faut de l'énergie, du courage, de la fermeté, et surtout de la persévérance.

Ce qui manquait à ces peuples, les Français en étaient doués; mais ce que tous avaient de commun, c'était la même lassitude de l'oppression, le même désir d'indépendance, la même soif de liberté, la même foi dans l'avenir. Voilà pourquoi ce fut la France qui entra la première en lice; voilà pourquoi, aussi, les peuples sympathisant avec elle l'y suivirent de leurs vœux, en attendant de l'imiter.

La fièvre de la liberté et de l'innovation est comme les grandes marées de l'Océan. A des temps marqués par des causes impénétrables à la science humaine, la mer se soulève, le flot monte, envahit en bouillonnant le rivage, et couvre de son écume ce qu'il ne peut engloutir.

Sous le règne de Louis XV, on put déjà entendre en France le bruit des bouillonnements lointains qui annonçaient l'approche du flot envahisseur. La royauté elle-même parut ne plus s'y méprendre[1]; elle chercha à s'é-

---

[1] « J'ai eu grand'peine, disait Louis XV, à me dégager des querelles des parle-
« ments ; mais que mon successeur prenne garde à eux, car il est probable qu'ils
« mettront son trône en danger. »
Et une autre fois :
« Que m'importent tous ces principes, toutes ces théories, tous ces maux dont on
« veut m'effrayer, pourvu que je vive autant que la monarchie ! »

tourdir dans la débauche et l'orgie. Jamais, depuis Rome impériale, on n'avait vu des désordres si effrontés que ceux qui déshonorèrent ce règne, et la régence qui le précéda. Le trône et la cour étaient souillés par des dynasties de maîtresses; les faveurs, les bienfaits, les grâces ne découlaient que des sources les plus impures; l'intrigue, la corruption, l'impudicité disposaient ouvertement de toutes les places de l'armée, de l'Église et de l'administration civile. Tout un monde d'intrigants parasites, de privilégiés fainéants, de favoris prodigues, de maîtresses éhontées, vivait de scandale et de dissolution, et s'engraissait de la substance du peuple. Sous Louis XIV, déjà 500 millions de la dette publique avaient servi à des dépenses trop honteuses pour être mises au jour; sous Louis XV, et pour des motifs plus honteux encore, ces dépenses s'élevèrent beaucoup plus haut.

Au milieu de cet incroyable débordement, dans la société comme dans les mœurs, tout se trouvait faussé : l'opinion, le jugement, le sens public. Des hommes d'État ambitionnaient la gloire d'hommes de lettres, des hommes de lettres briguaient la réputation d'hommes d'État: les grands seigneurs voulaient être banquiers, les fermiers-généraux grands seigneurs. Une épigramme illustrait plus un général qu'une bataille gagnée; des colonels se vantaient d'exceller dans des ouvrages de femmes; les prêtres étaient des piliers de ruelle. Le mérite d'un homme se jugeait par ses bonnes fortunes; celui d'une femme par ses aventures galantes; et l'effet de cette dissolution générale de tous les principes était devenu, en peu de temps, sensible dans la littérature, les modes, les arts, tous les usages. Partout, alors, il fut aisé de voir l'indice d'un bouleversement prochain; partout le signe de cet âge de décrépitude sociale, dont Rome avait offert le spectacle à l'époque de l'invasion barbare, et qui s'était reproduit à Constantinople dans le Bas-Empire; partout ce cynisme de Rome envahie, cherchant à s'étourdir au bruit des grelots, escomptant l'avenir au sein des plaisirs et des voluptés; partout cette insouciance de Constantinople menacée, se couronnant de fleurs à la veille de sa chute.

Un trait particulier caractérisait cette époque : c'était le contraste saillant entre les habitudes frivoles et corrompues des classes privilégiées, et les sentiments, de plus en plus nobles et généreux, que les classes moyennes avaient puisé dans le progrès des lumières et de la civilisation. Animées de la conscience de leur dignité, du sentiment croissant de leur valeur, elles contemplaient avec indignation et dégoût les vices et la frivolité des hautes classes. « Dès l'enfance, disait plus tard une femme « justement célèbre, et alors fille d'un simple graveur [1], « je me sentais étonnée qu'un tel état de choses n'occa-« sionnât pas la ruine immédiate, ne provoquât pas la « colère vengeresse du ciel. »

Mais alors déjà, dans les décrets de la Providence, si ce monde corrompu n'était pas puni, le vengeur était désigné. Ce fut le peuple, qui, tyrannisé par mille sortes d'oppressions des nobles, écrasé sous mille formes d'impôts vexatoires, outrageants ou onéreux, n'ayant à léguer à ses enfants que la misère, mais seul moralement régénéré au milieu de cette société décrépite, remua tout ce chaos monarchique, nobiliaire et clérical, appela au tribunal de sa raison toutes les questions sociales les plus ardues de droit civil, de gouvernement, d'administration,

[1] Madame Roland, *Mémoires.*

d'impôt, de commerce, d'industrie, de moralité, de dignité, de droit naturel, tout, en un mot, ce qui constituait l'homme social et moral. Se trouvant apte à les résoudre, il s'adressa cette simple question :

Lorsque Adam piochait et que Ève filait, où était le gentilhomme [1] ?

Puis, cette autre :

Parce qu'un enfant possède seulement un parchemin, une nation a-t-elle le droit de lui dire : Vous serez un jour, à votre choix, préla', maréchal, ambassadeur, tandis qu'elle n'a rien à offrir à une multitude d'autres enfants ?

Ces deux questions de droit naturel, ainsi nettement posées, ne pouvaient être résolues que par un bouleversement. Si ceux qui avaient serré les liens autour de ces classes, qui, voyant enfin l'horreur de leur néant, voulaient en sortir, les avaient détendus à temps, le changement jugé nécessaire se fût appelé une réforme. Mais, au contraire, ils voulurent les tendre avec trop de force, et le peuple, dans sa fureur, n'eut d'autre ressource que de les briser. Ce changement, devenu inévitable, se nomma, dès lors, révolution.

Toutes les classes privilégiées furent mises en cause :

La royauté, parce qu'elle était un obstacle au progrès ;

La noblesse, parce qu'elle avait tout un passé à expier ;

Le clergé, parce qu'au milieu du bruit des affaires et des tourbillons de la dissipation, il avait perdu de vue jusqu'au nom de Dieu.

On sait quel fut le résultat de ce grand jugement natio-

[1] Cette maxime avait, quatre siècles auparavant, en 1366, été celle de Wat Tyler, dont l'insurrection sous Richard II, roi d'Angleterre, fut contemporaine des efforts des bourgeois de Flandre pour émanciper leur patrie de la tyrannie féodale :

> Wen Adam delved and Eve span,
> Where was then the gentleman ?

nal. Nous n'en parlerons pas; nous avons à nous occuper seulement ici de ses conséquences sur les États de l'Europe.

Exaltant au plus haut degré toutes les passions nobles de la partie opprimée du genre humain, excitant toutes les craintes de la partie oppressive, la Révolution française apparut comme un évènement immense. Flattant les espérances, les vœux, les désirs, les besoins, les préventions des masses populaires de tous les pays; irritant leur indignation mal comprimée contre les classes privilégiées, elle fut à la fois le soleil qui éclaire et le météore qui incendie. A ce double titre, elle ne pouvait être l'objet d'une observation passive, ni de la part des peuples ni de la part des rois.

Les premiers, écrasés depuis des siècles sous le poids d'une intolérable domination, tantôt monarchique, tantôt nobiliaire, tantôt cléricale, n'ayant pas même partout le choix des maîtres et des fers, voyaient avec un légitime orgueil un peuple, naguère opprimé comme eux, sortir de l'oppression plus grand que n'avaient jamais été ses oppresseurs, réhabiliter le travail, la vertu modeste, le mérite personnel, tout, en un mot, ce qui constitue la dignité humaine, et qui, jusqu'alors, avait été ou méconnu ou méprisé. Le sentiment des injures réelles se réveilla, dès ce moment, plus intense; des espérances, qu'un avenir prochain semblait devoir réaliser, électrisèrent les esprits. Les regards tournés vers la France, ces peuples suivaient avec anxiété tous les progrès de cette rénovation sociale; ils sentaient que là se plaidait leur cause, ou tout au moins celle des générations futures; leurs corps, il est vrai, étaient ailleurs, mais leurs pensées étaient en France. Et cela devait être.

De la France, en effet, partaient des accusations élo·
quentes contre des institutions sociales condamnées par
le génie moderne.

En France, des voix généreuses proclamaient, sur les
ruines du passé, les idées et les principes qui devaient servir de règne au monde nouveau.

En France, enfin, s'engageaient des luttes solennelles
où l'homme disparaissait pour laisser plus de place et plus
d'empire à la pensée.

Attentifs à ce grand spectacle, les peuples accueillaient
avec une égale avidité toutes les paroles qui tombaient de
cette grande tribune humanitaire, et qui, de là, retentissaient dans le monde entier. Ils savaient qu'il s'agissait
dans ces débats de leurs intérêts et de leurs destinées, et
que de ces discussions utiles et salutaires, devait naître
l'avenir des nouvelles générations. Dans cette voix populaire qui tonnait en France, se résumait tout ce qu'il y
avait de force et d'intelligence dans l'esprit humain; elle
n'était, en quelque sorte, que la voix même de l'humanité. Comment n'aurait-elle pas captivé les respects et
l'admiration du monde?

Une seule révolution triomphante, le renversement
d'un seul gouvernement établi, le triomphe des droits
inaliénables de l'humanité sur un seul point, avaient suffi
pour répandre dans tous les États européens une fermentation redoutable. Il y avait déjà, dès lors, entre les peuples, sinon solidarité dans les actes, du moins unanimité
dans les vœux. Par sa seule influence morale, la France
leur avait communiqué à tous son impulsion; nul d'entre
eux n'avait échappé à la communication des principes qui
triomphaient chez elle.

Ce fait était chose grave. Aussi les mêmes motifs qui

rapprochaient les peuples de ces principes nouveaux de réhabilitation et d'organisation, en éloignaient naturellement les gouvernements, qui, après les avoir tolérés sans en prévoir les conséquences, les traitaient alors de factieux et de subversifs. Ils reconnaissaient, enfin, que la manifestation de cet esprit redoutable, qui excitait en ce moment leurs plus vives alarmes, était destinée à bouleverser le globe.

Chaque souverain crut alors devoir se préparer à en arrêter le développement; mais nul d'entre eux ne soupçonnait encore l'importance qu'atteindraient les luttes qui allaient s'engager; luttes d'une espèce nouvelle, ayant un caractère spécial et presque unique dans l'histoire, du moins dans leur généralité.

En effet, aux rivalités des rois allait succéder une guerre d'un principe social contre un autre; l'opposition des intérêts devait faire place au conflit des opinions, et la véhémente animosité des peuples contre les rois allait faire taire un moment les jalousies mutuelles de ces derniers. Sur les champs de bataille, des nations entières étaient prêtes à se heurter, soulevées par le vent tumultueux des passions, et cet épouvantable choc, qui n'ébranlerait que les trônes, devait greffer la gloire militaire sur l'ambition démocratique, inoculer à des contrées conquises ou vaincues, cette fièvre révolutionnaire si redoutée des oppresseurs, si désirée des opprimés, et produire en tout un effet diamétralement contraire à celui qu'en attendaient les rois.

Dès ses premiers succès intérieurs, la Révolution française menacée, insultée par toutes les aristocraties européennes, dut chercher naturellement son appui parmi les masses populaires, et promit *protection et assistance*

à tous les peuples qui voudraient recouvrer leur liberté.
Les trônes, ainsi menacés à leur tour par ce système de
propagande, durent se liguer pour résister au flot en-
vahissant de la démocratie, et chaque cour apporta dans
la ligue des dispositions et des moyens différents.

Quelques détails à ce sujet trouvent ici naturellement
leur place.

L'Autriche, la Prusse, la Russie, l'Angleterre, étaient
alors les quatre puissances dominantes qui, dans le conflit désespéré qui allait s'engager, avaient un rôle prin-
cipal marqué à l'avance. Toutes étaient en état d'entrer
avec de vastes ressources sur le théâtre où les plus
grands intérêts allaient être engagés, où les plus grands
sacrifices allaient être exigés.

L'Autriche était, pour la Révolution française, un ri-
val formidable. Sa position géographique, sa constitution
sociale, ses sentiments monarchiques, sa politique inva-
riable, sa puissance, son ambition, tout la désignait à
l'avance comme un des ennemis de la République française les plus redoutables et les plus acharnés du continent. Sa population était alors de plus de vingt-cinq
millions d'habitants, ses revenus de cent millions de
florins. Son armée montait à près de trois cent mille
hommes : deux cent cinquante mille hommes d'infante-
rie, trente-cinq mille chevaux, et dix mille hommes d'ar-
tillerie. L'étendue de ses États promettait en outre d'im-
menses ressources.

En contact immédiat avec la frontière française par sa
possession des Pays-Bas, elle possédait à un angle saillant, entre l'Allemagne et l'Italie, ces théâtres futurs des
combats, un vaste boulevart gardé par un peuple actif
et brave, les montagnes du Tyrol. Les plus riches et les

plus fertiles contrées de l'Europe étaient au nombre de ses provinces. La Flandre par ses manufactures, la Lombardie par ses produits agricoles, ajoutaient à ses ressources pécuniaires; les Hongrois par leur valeur, les Tyroliens par leur enthousiasme, accroissaient sa force militaire. Ses armées, bien disciplinées, s'étaient montrées avec honneur, soit dans les guerres de Marie-Thérèse, soit dans les campagnes contre le grand Frédéric. Son gouvernement, monarchique de nom, mais oligarchique de fait, avait toutes les qualités et tous les vices qui caractérisent ce genre de domination.

La diète, assemblée à Ratisbonne, gouvernait l'empire; elle se composait de trois collèges :

Celui des *électeurs*, que le traité de Westphalie avait fixé au nombre de huit membres, et auxquels fut plus tard ajouté l'électeur de Hanôvre, avait seul le droit d'élire les empereurs.

Celui des *princes* se composait de quatre-vingt-quatorze membres : trente-trois ecclésiastiques et soixante-un princes laïques. Toute son importance se bornait à offrir un appât rapace à l'avidité des électeurs; son influence était totalement nulle.

Le troisième était celui des *villes libres*. N'ayant pas voix délibérative dans les affaires publiques, il n'était constitué que pour la forme.

La diète fixait le contingent de troupes que chaque cercle était tenu de fournir pour la défense de l'empire.

Formé de provinces excentriques, la plupart produits de la conquête incorporés de gré ou de force, cet État manquait totalement d'unité. L'esprit des habitants devait naturellement se ressentir de ce vice de constitution. Aussi, les uns, attachés aux antiques intitutions, étaient unanimes dans leur haine pour les principes républicains proclamés en France, tandis que les autres brûlaient de se lancer dans le torrent des innovations. L'immense ascendant conservé par la noblesse pouvait seul paralyser, pendant quelque temps encore, la tendance prononcée de ces derniers.

Ce manque d'unité était parfaitement saillant dans l'organisation particulière des provinces. Les unes, la Croatie, la Transylvanie, le Bannat, étaient organisées militairement; tous les habitants y étaient élevés dans l'usage des armes. D'autres, la Hongrie, la Bohême, avaient une constitution oligarchique, et étaient sous la dépendance immédiate des nobles, qui reconnaissaient la suzeraineté de l'empereur. Le Tyrol n'était rattaché à l'empire que par une sorte de lien féodal; la force seule et l'oppression y rattachaient les provinces italiennes, la Pologne autrichienne et les Pays-Bas; partout, dans cet ensemble, se rencontraient des nationalités froissées qui attendaient de l'avenir ce que le présent s'obstinait à leur refuser.

Pendant longtemps, Marie-Thérèse avait été l'ame de cette monarchie autrichienne, corps immense composé de parties disparates, d'éléments hétérogènes. C'était elle qui, en en sauvant la fortune dans la terrible crise du milieu du xviii° siècle, assura les fondements de sa grandeur présente. Mais à sa mort, l'ancien esprit de la monarchie déclina.

Son fils Joseph II, qui lui succéda en 1780, adopta de nouvelles maximes, filles, en partie, de la philosophie française. Dès son avènement, il se montra réformateur ardent, philosophe, philanthrope; mais ses dispositions novatrices, trop peu digérées, appliquées sans discernement et sans préparation à des populations disparates qui n'en sentaient pas toutes également le désir et le besoin, ne firent que bouleverser l'administration religieuse, civile et militaire. Doué d'un grand désir d'apprendre, il n'avait pas la patience de s'instruire; minutieux en tout, il bouleversait tout pour tout coordonner. Le clergé l'occupait beaucoup : à tout propos il réglementait à son sujet; processions, cérémonies, fêtes, rien n'échappait à sa manie règlementaire, ce qui l'avait fait appeler, par Catherine II, *mon frère le Sacristain.* Un jour, à Rome, ayant visité un couvent de filles, et ayant trouvé que ces religieuses n'étaient pas assez occupées, il leur envoya de la toile, avec ordre de faire des chemises pour ses soldats.

Joseph II avait l'intelligence cultivée; ses vues, généralement bienveillantes, ne manquaient pas de portée. Il était actif, laborieux, entreprenant; c'était un mélange singulier de bonnes et mauvaises qualités qui voulait sincèrement le bonheur de ses peuples, mais qui se méprit dans ses moyens d'atteindre ce but, faute d'avoir assez mûri ses idées et ses modes d'application. Ses innovations jetèrent dans ses États des semences de trouble, favorisèrent la tendance novatrice des eprits, et aboutirent à une mesure qui eut une trop grande influence sur les suites de la Révolution française, pour la passer sous silence.

Trouvant les Pays-Bas trop éloignés des pays héréditaires, et plus onéreux qu'utiles à conserver, l'empereur Joseph avait projeté de les échanger contre la Bavière. Catherine II, qui régnait alors en Russie, comptan ur son appui dans ses vues ambitieuses contre les Turcs, se montrait assez disposée à favoriser ce projet. Mais la Prusse prit l'alarme, et le 17 mars 1786, il fut conclu, à Berlin, un traité entre la Prusse, la Saxe et le Hanôvre, qui fit avorter l'ambitieux plan de l'Autriche. Ce fut le dernier acte politique du grand Frédéric.

L'Autriche ne renonça que momentanément à son projet. Peu après, elle en poursuivit la réalisation et sans atteindre son but; elle ne fit qu'ouvrir une source de désastres pour l'Europe et pour elle, lorsque la Révolution française fut obligée de recourir aux armes pour atteindre son développement.

Voici comment.

Dans sa fièvre d'innovations, Joseph II avait fini par s'aliéner entièrement les Pays-Bas, où son projet d'é-change contre la Bavière avait accru outre mesure l'esprit de désaffection. Dans leur antipathie contre tout ce qui leur venait de l'Autriche, ces provinces ne cessaient de protester contre les mesures même les plus libérales de l'empereur. C'est ainsi que l'abolition des juridictions seigneuriales, la vente d'une portion considérable de biens monastiques, l'établissement d'écoles indépendantes du clergé, et d'autres mesures progressives, y furent l'objet de protestations et de révoltes. Joseph II, alors, dans un moment de dépit, annula l'autorité des états par l'introduction d'intendants impériaux, et fit démolir toutes les villes frontières des Pays-Bas, arrachées à la France monarchique après tant de sang répandu, et forti-fiées à grands frais par l'Autriche elle-même. Toute la contrée resta dès lors ouverte et sans protection, et, lorsque la Révolution française fut en guerre avec l'Europe, elle put l'envahir sans difficulté. « Les cours de l'Europe, dit à ce sujet Jomini, ne virent qu'avec un étonnement mêlé de douleur ces forteresses fameuses, qui avaient joué un si grand rôle dans les anciennes guerres, démolies par le pouvoir même qui les avait élevées ou conquises ; et les Flamands, orgueilleux des souvenirs qu'elles rappelaient, soupirèrent en voyant la charrue passer sur les vestiges de tant de luttes glorieuses. L'évènement ne tarda pas à prouver combien cette mesure était funeste. Les Pays-Bas, privés de leurs forteresses, seule défense qu'ils possédassent, puisque la nature ne leur a point donné de montagnes, et trop éloignés du centre du gouvernement pour en être activement défendus, succombèrent à la première attaque. Ainsi, ce fut par la perte de ses anciennes possessions que le Cabinet autrichien apprit l'étendue de la faute qu'il avait commise en adoptant une si imprudente mesure. »

En 1789, au moment même où en France on se soulevait contre les classes privilégiées et contre l'autorité du clergé, les Flamands se mettaient en pleine insurrection pour les soutenir chez eux. Ces deux insurrections, si dissemblables en apparence, avaient cependant le même caractère : d'une part, il est vrai, on se soulevait pour imposer à un roi des mesures libérales ; de l'autre, on s'insurgeait pour refuser celles qu'un roi voulait imposer ; mais, d'une et d'autre part, c'était toujours un peuple en lutte contre la royauté *quand même* ; le mobile était le même, la suite l'a prouvé. Pendant que les provinces belges s'étaient mises en pleine insurrection, la Bohême et la basse Autriche fermentaient dans un état de sombres mécontentements ; la Hongrie paraissait disposée à une menaçante insubordination ; les provinces italiennes, plus que jamais, frémissaient sous le joug autrichien, et, pour surcroît de difficultés, dans la Pologne, ulcérée par l'inique partage de 1772, se développaient rapidement les germes d'une révolution qui allait faire fondre sur ce malheureux pays l'iniquité nouvelle d'un second partage.

Cet état général de fermentation dans l'édifice vaste mais irrégulier qu'on appelait l'empire, avait pour double cause les innovations de Joseph II et les principes régénérateurs qui, de la tribune française, retentissaient dans l'Europe entière.

Telle était la situation dans laquelle la révolution de France surprit l'Autriche. Après la mort de Joseph II, en 1790, Léopold, qui lui succéda, essaya de relever un peu la dignité impériale de la maison de Hapsbourg, en soumettant les Belges; mais il était aisé de voir, dès ce moment, que les titres pompeux et la suprématie des Césars sur toutes ces nationalités incorporées de gré ou de force à la monarchie, et formant, par ce fait seul, un véritable empire de marqueterie, ne cachaient que faiblesse et mécontentements populaires. Léopold, du reste, devait être, après avoir longtemps hésité, le premier ennemi déclaré de la Révolution française. Le premier des rois, il devait lui jeter le gant en concluant, le 7 février 1792, une alliance offensive et défensive avec Gustave, roi de Suède. Mais aucun des deux contractants ne devait assez survivre à l'adoption de ce traité pour être témoin de l'énergie et de l'audace avec lesquelles la Révolution française releva le gant qu'on lui avait si imprudemment jeté. Le 1er mars 1792, Léopold mourut, laissant à son fils François II la succession de ses vastes domaines, et, quinze jours après, Gustave fut assassiné au milieu d'un bal masqué.

La Prusse, dont les États étaient moins bien groupés que ceux qui composaient la monarchie autrichienne, formait, sous le rapport géographique, un royaume moins homogène que l'Autriche. Aucun de ces grands remparts naturels, tels que le Rhin, les Alpes, les Pyrénées, qui tracent les limites des États, ne marquait la sienne. Enclavée au milieu de vastes monarchies militaires, elle formait une longue ligne depuis Mémel jusqu'aux portes de Metz, et, la Silésie exceptée, qui possédait trois lignes de forteresses, elle n'était défendue que par un très-petit nombre de villes fortifiées. Mais, par sa position même, elle avait prise sur l'Angleterre par le Hanôvre, sur la Russie par la Lithuanie et la Wolhynie, sur l'Autriche par la Bohême et la Silésie méridionale.

Sa population, composée de races variées, parlant un langage différent, professant des religions diverses, était de huit millions d'ames; sa surface de quatorze mille lieues carrées; sa force militaire de cent quatre-vingt mille hommes, dont quarante mille de cavalerie. Cette armée, parfaitement disciplinée et équipée, justement fière de ses récents succès sous le grand Frédéric, orgueilleuse d'une lutte sans exemple dans les temps modernes, celle d'avoir résisté pendant sept ans aux trois premières puissances européennes, passait pour la meilleure de l'Europe.

Ce royaume avait, en outre, une autre force militaire d'une importance inappréciable, c'était l'admirable organisation de la landwehr, sorte de milice dans laquelle rentrait toute la jeunesse de l'État, forcée de servir quatre années. Cette institution, imitée depuis dans d'autres pays, avait non-seulement l'avantage de répandre le goût des habitudes militaires, mais encore celui de former une redoutable réserve de vétérans.

Le gouvernement prussien était une sorte de despotisme

militaire. L'autorité du souverain n'était restreinte par aucun de ces privilèges accordés ailleurs à des individus ou à des classes. Le droit privé y était assez respecté, la justice assez strictement observée dans les administrations judiciaires ou civiles. Les mœurs de la cour et des grands étaient corrompues et futiles; celles des classes moyennes, au contraire, sévères et graves, formaient avec les premières un contraste assez saillant. Généralement avides d'études spéculatives, ces classes étaient unies par des sociétés secrètes de franc-maçonnerie, et commençaient alors à donner un libre essor à cette exal- tation de sentiments qui, plus tard, devait exercer une grande influence sur les destinées de l'Europe. Quoique la liberté de la presse y fût inconnue, la tolérance des opinions était extrême. Seulement, le gouvernement semblait avoir pris pour principe : Rien par le peuple. Ce système de politique, adopté par le grand Frédéric, avait, en quelque sorte, passé en lois, en maximes établies, et servi de base à l'administration sous son successeur; mais alors déjà il y avait anomalie entre ce principe et la tendance populaire.

La glèbe, les corvées, l'immobilité des terres, les juridictions seigneuriales, tout le régime féodal était encore en pleine vigueur en Prusse; les nobles étaient possesseurs exclusifs du sol; les bourgeois et les paysans ne pouvaient ni acquérir, ni posséder, ni avoir accès aux grades supérieurs dans les fonctions civiles et militaires. Mille entraves d'un régime fiscal et oppressif comprimaient le commerce intérieur; l'instruction seule était fort répandue parmi les classes moyennes et même populaires. De là était naturellement résultée cette anomalie entre l'état social et la tendance des esprits, qui,

sentant leur condition civile au-dessous de leurs lumières, brûlaient de pouvoir donner un libre essor à leur
intelligence et à leur activité. La Révolution française
avait trouvé parmi elles une sympathie beaucoup plus
prononcée qu'ailleurs.

Frédéric-Guillaume II occupait alors le trône de
Prusse. Retenu longtemps par la sévérité de son oncle, le
grand Frédéric, à qui il avait succédé, dès qu'il fut
maître il s'abandonna sans contrainte à son goût exces-
sif pour la dissipation; les femmes, surtout, occupèrent
beaucoup de place dans sa vie, et il renouvela à la cour
de Prusse ces dynasties de maîtresses qui, sous Louis XV,
avaient fait la honte de la cour de France. Un autre tra-
vers jetait sur lui quelque ridicule; c'était sa crédulité
pour les illuminés, alors très-nombreux en Allemagne.
Il accueillait dans son palais tous ceux des visionnaires
de cette secte qui, d'une opinion généreuse au fond,
voulaient se faire un moyen d'intrigue. Ils lui firent
successivement apparaître Moïse, Jésus, César, et, par de
pareilles impostures, ils parvinrent à égarer son imagi-
nation, et à tromper son esprit naturellement, du reste,
porté à des mesures libérales. Dès ce moment, aucun
homme sage ne put être entendu; tous les genres de mérite furent écartés, et, jusque dans l'armée, les emplois
ne furent plus accordés qu'aux plus méprisables intri-
gues. Frédéric-Guillaume II, cependant, mettait beaucoup de zèle à avoir la réputation d'un prince juste et
loyal; il abolit, en effet, plusieurs monopoles vexatoires,
parut pencher vers un esprit de réforme, et se rappro-
cha, sur ce point, des vœux du peuple. Mais, d'autre
part, il se montrait si jaloux de son autorité, qu'il avait
successivement écarté de ses conseils tous les hommes

distingués par leur expérience : Henri, prince de Prusse ; Brunswick, Hertzberg, etc.

Pendant qu'il se privait ainsi d'utiles serviteurs, il se livrait secrètement à l'influence de ses maîtresses et de ses obscurs favoris, et les désordres qui s'ensuivirent eurent un fâcheux résultat sur toutes les parties du gouvernement. Le trésor que le grand Frédéric avait amassé pour des circonstances importantes fut dissipé d'une manière honteuse, et l'armée, qui cessa de voir son chef et d'être encouragée par son exemple, ne tarda pas à perdre sa supériorité.

Mais ce qu'il y eut surtout de plus malheureux pour cette monarchie, ce fut la faiblesse et la versatilité de la politique du roi, lorsque éclata la Révolution française. Dans cet évènement immense, Frédéric-Guillaume II ne fut pas à la hauteur de sa situation, et son successeur, Frédéric-Guillaume III, esprit honnête, mais timide comme lui, caractère judicieux mais d'une portée ordinaire, suivit fatalement tous ses errements à ce sujet. Vainement, lorsque les souverains du continent proposèrent une ligue contre la Révolution française, les esprits clairvoyants et les masses populaires rappelèrent cet axiome du grand Frédéric : *La Prusse doit être bien avec la Russie, froidement avec l'Autriche, et en intimité avec la France.* Frédéric-Guillaume II resta toujours flottant, indécis, irrésolu, et, à sa mort, en 1797, sous son successeur, la belle et galante reine Louise, avec un noble cœur, devait être le génie fatal de la France et de son propre pays. Mettant au service d'un principe contraire à celui que nous avons cité plus haut toutes les séductions d'un esprit actif et d'une beauté peu commune, elle devait jeter la Prusse hors des voies où l'appelaient ses véritables intérêts, la précipiter dans un abyme de maux, frayer aux Russes les chemins qui conduisent en Occident, et leur livrer les boulevarts de l'Europe et de la civilisation.

Comme en Autriche, certaines parties des masses populaires de la Prusse sentaient que la cause qui se plaidait en France était leur propre cause ; mais, de plus que l'Autriche, la Prusse avait le plus grand intérêt à favoriser les tendances libérales de ses peuples, et à entrelacer ses forces et ses destinées avec les destinées et les forces de la France.

Un orgueil mal entendu de reine, un galant caprice de femme, devaient plus peser, dans la balance du destin, que les vœux et les besoins de deux peuples !

La Russie était dans des conditions toutes différentes que la Prusse. Le développement de la Révolution française, la conflagration qu'elle pouvait amener à l'occident de l'Europe, tout servait ses vues ambitieuses et ses intérêts. Alors occupée, contre la Turquie, d'une guerre sanglante, où une science guerrière, vaste et prudente, dirigeait le zèle impétueux d'une sorte de croisade religieuse, elle se flattait que la Révolution de France occuperait assez tous les Cabinets d'Occident pour qu'elle n'eût pas à remettre à un âge futur la gloire de planter la croix sur le dôme de Sainte-Sophie.

Catherine II occupait alors le trône des czars. Dans cette haute position, elle avait souvent montré la fermeté et le caractère d'un grand prince, et plus souvent encore toutes les faiblesses d'une femme. Elle eut deux passions dominantes qui ne devaient la quitter qu'au tombeau, l'amour et la gloire. La première fut une source de scandale pour ses sujets ; la seconde troubla souvent le repos